南極ではたらく

かあちゃん、調理隊員になる

渡貫淳子
JUNKO WATANUKI

はじめに

実は昭和基地は南極大陸上にはない。大陸から約4キロ離れた東オングル島という島に位置している。食堂と厨房《ちゅうぼう》は基地の中でも一番高い3階にあり、窓からは南極大陸のへりを一望できる。大陸に日の光が当たると、太陽の角度によって白い大陸はさまざまな表情を見せてくれる。特に誰もいない厨房で朝食の準備をしながらその景色を独り占めするのは何より贅沢《ぜいたく》な時間だった。

南極地域観測隊は夏隊と越冬《えっとう》隊に分かれる。夏隊は南極の夏にあたる12月中旬から2月中旬までの約2か月間観測活動を行ない、越冬隊はそれからさらに冬を越えて1年間観測を続ける。観測系隊員は研究観測や定常観測などを担当し、設営系隊員は基地の設備や生活の維持を担当する。第57次越冬隊は隊長1名、観測系が12名、設営系が17名。なんと観測をする隊員よりも、人間の生活と基地を維持するための隊員の方が多いのだ。本来なら観測系の隊員には研究・観測に専念してもらいたい。彼らの研究を支えるために設営系が存在すると言いたいところなのだが、昭和基地は30人で維持・管理するには広すぎて、時には隊員総出で除雪をしたり、物資を運んだりといった具合だった。

我々には越冬交代をする前に必ずしなければならないことがある。それは計画停電と言われ、昭和基地の発電機をいったん停止させ、そこから復旧させる訓練。日本では電源をコンセントにさせば電気が通じるから、そのコンセントの先まで考えが及ぶなんてことはない。だが、昭和基地では電気を作っている発電機を見ない日はなく、その発電機を誰がメンテナンスしているかもわかっている。発電量には限界があるため、好きなだけ電気を使えるわけでもない。

大量に電気を消費する機器は一度に複数台使用すると発電機が落ちる可能性があるから、使う台数をコントロールする必要がある。ドクターがレントゲン撮影をする時だって発電機担当の許可を取らなければならない。もし、昭和基地が停電してしまったら……とにもかくにも全員で発電機の復旧にあたる。ライフラインが凍ってしまったら我々は命の危険にさらされかねないのだ。

日本ではごみは分別してごみ集積所まで運べば終わりだが、南極ではそのごみをすべて日本に持ち帰るため、焼却した後の灰をドラム缶に詰めたり、汚水の浄化をしたりもしなければならない。しかも担当はたったの1人。調理と医療は2名体制だがその他の設営系は基本、1人体制なので、各々で仕事と休みをコントロールしながら生活をしていたが、交代要員がいないということは精神的にも負担だっただろう。

暗黙の昭和基地ルールの1つに「お酌《しゃく》はしない」というものがあるのだが、それはお酒を注いでもらうとついつい飲みすぎてしまうので、酒量も個人でコントロールしなければならないといった意味合いだ。昭和基地での生活を見ていて、「この人はほとんどお酒を飲まないんだな」と思っていた人が、本当は大好きなのに南極でだけ、お酒を控えていたということもあった。

昭和基地は文明社会の縮図のようなもの。

日本では当たり前のことが当たり前ではないのだと思い知った。人間1人でできることなんてたかが知れている。自分がやらないことをどれだけの人がやってくれているのか、じゃあその人たちのために自分ができることは何なのか。

Contents

1 南極へ行くまで

2
南極で料理する

3
南極で暮らして

4
南極から日本へ

Column

*

1

南 極 へ 行 く ま で

進路を決めかねて

小学校の掃除の時間、掃除をするためにみんなが机や椅子を教室の後ろに下げるそんな時、給食を時間内に食べ終えることができなくて、半ベソをかきながら給食を食べていた同級生を覚えていないだろうか。私はその半ベソをかいている子だった。

病弱とは言わないまでも自家中毒で2度入院している。自家中毒とは、普段は元気な子どもが急に吐き始め、嘔吐《おうと》を繰り返し、4〜5日で治まり、また元気になることを繰り返すのがパターンらしい。吐いた記憶はあまりなく、食べ物を口から摂《と》れなくて点滴をしている景色は覚えている。点滴をして病院にいると、さも自分が重篤《じゅうとく》な病気になったような気になり、メンタルがさらに落ちこむ。でも点滴の速効性は凄まじく、みるみる体調が回復し、そうなると今度は入院生活が退屈になってくる。

何をそんなに思い悩んでいたんだろう。

考えてみれば、小学校に上がる以前から、幼稚園に行きたくない子どもだった。登園の支度を終え、母に促されて幼稚園バスの乗り場へ行く。そこからバスが来るまでの時間がとにかく嫌だった。吐きそうなくらい嫌だった。別に引っ込み思案だったわけでもなく、いじめを受けていたわけでもない。

1つだけ鮮明に覚えているのは、幼稚園での行事で自分がなりたかった係になれなかったことだ。

園の中にいろいろなお店を作って、紙で作ったお金でお買い物をするというものだったが、そのお店の1つに喫茶店があった。メニューはパンの耳で作ったラスクに麦茶のような飲み物のセット1種類しかなかったが、その係はウェイトレスになって配《はい》膳《ぜん》をする。もちろん女子には一番人気で、みんなの憧れの係だったのは間違いない。私もウェイトレスになりたくて手を挙げたのだが、結果は靴屋さん。今考えると、先生が厚手の色紙で作ってくれたクオリティの高い靴だったのに、店番もそこそこに喫茶店に何度も通ったのだった。そして喫茶店係になれなかったことを40年経った今も覚えている。そんな私のぐじぐじ考えて病気になる生活は小3まで続いたが、給食を食べきれるようになってからはできることが少しずつ増え、それに比例するように自信もついていった。

高校3年生まで、体力づくりも兼ねてスポーツを続けた。スポーツとの関わりの中で、私の価値観を変える人との出会いもあった。高校入学の時、叔母からの入学祝いを元手にして、ロードレーサーと言われる競技用の自転車を買った。

女子高生がロードレーサーに乗るのは珍しい時分で、その噂は地元の自転車競技の関係者が知ることとなり、ある人の耳に入った。その人とは学校に真っ黄色のスポーツカーで出勤してくる古文の教師。実はオリンピック選手を育てたこともあり、県の自転車競技界の重鎮だったらしい。定年を控え、もう自転車競技の指導はしないと決めていたようだ。それを象徴するのが黄色いスポーツカー。それまでは自転車を積み込むためにハイエースしか乗ってこなかったのを、もう自転車を積み込む予定もなし！　との思いで購入したらしい。それが私の登場で一変する。

職員室に呼び出され、担任や学年主任らにも囲まれる中、「自転車の競技者としてやっていくつもりがあるのか？　あるなら俺はお前を本気で指導する」。担任には

「大学受験をするならそんなことやってる暇はないぞ」。と言われた結果、私が出した結論は、高校の3年間、競技者として活動する、だった。私を自転車競技に引き入れた古文の教師はボロボロのハイエースを買い直し、大会を渡り歩くこととなったが、とにかくその人のやり方はファンキーだった。授業をさぼって練習したこともあれば、野宿もした。

中学までの私はいい子ちゃんで、先生にほめられることに重きを置いていた。でも高校で出会った教師のおかげで、ルールを守るより大切なことがあることを知った。

自転車競技を選んだことで充実した高校生活を送ってはいたが、確かに担任の言う通り成績は落ちていった。正直、将来の自分が何を生業《なりわい》としていくのかなんて目標もなく、みんながそうであるように大学に行くのかなぁくらいのことしか考えていなかった。

大学受験の時期になって、とりあえず自分の学力で合格できそうな大学を受けてはみた。合格した大学もあったが、自分で受けておきながら興味が湧かない。親に受験料やら交通費やら宿泊費を負担してもらっていたのになんて親不孝だったのだろう。

自分の進路を決めかねている私の背中を押したのは母親だった。

「料理好きなんだから、料理の専門学校はどうなの？」

実は母親はあまり料理が得意ではない。手をかけて料理を作ってはくれたし、味もおいしかったが、食卓に上がるものは決まったものが多く、中学生くらいから自分が食べてみたいものは自分で作るようになっていた。本棚の中は受験のための参考書より料理本の方が多かったかもしれない。料理は自分が一番興味を持てるものだった。

決まらぬ進路はなんとか決まり、調理師専門学校で勉強、そのままその学校に職員として就職となる。

そこから先も流れに身を任せただけだった。結婚についても、普通の主婦になればよかった。恋愛結婚して子どもは2人くらい？　幼稚園に入れて下の子が小3くらいになったら社会復帰して……。母親がそうだったように、自分もそんな感じで……なんて本当に漠然としていた。ライフプランなんて考えたこともなかった。

＊

1
南極へ行くまで

南極へ行くきっかけ

どうして南極へ行きたかったのですか？　一番よく聞かれる質問なのだが、私はそれに対する明確な答えを出せないでいる。いまだその気持ちを言語化できないというのが正確かもしれない。

映画「南極物語」を劇場で観て涙した世代ではあるが、それがきっかけではない。きっかけは子育てをしているさなか、朝刊で見た1枚の写真だった。色鮮やかな防寒着を着た女性が、真っ白い大地にすっと立っているだけの写真。その時、自分の心の中に一滴、しずくが落ちたような気がした。何かが揺れるというか、本当に感覚的なものだった。でもそれから数年はその人が誰なのかを調べるわけでもなく、子育てに追われる日常を過ごしていた。

でも、その時こそ、私が南極という種を見つけた瞬間だったのは間違いない。

その人は日本人の女性記者で初めて越冬をした、朝日新聞の中山由美さん。今でこそ、お酒の席で同席したり、お会いした時は「元気？」と声をかけてもらえるようになったが、観測隊員になるまでは別世界の人だった。そして私の中に潜んでいた種が芽を出すきっかけとなったのは、映画「南極料理人」。映画の舞台は「昭和基地」ではなく、昭和基地からさらに約１０００キロ南の、富士山より高い３８１０メートルの場所にある「ドームふじ基地」。そこで繰り広げられる想像もつかない非日常を知って、私は「ここで働きたい！　この人たちのごはんを作りたい！」と思ってしまったのだ。

それからは南極関連の本を買ったり借りたりして、さまざまな情報を仕入れだした。Ｆａｃｅｂｏｏｋを始めた頃でもあり、そこで観測隊の関係者にメッセージを送るという不躾《ぶしつけ》な行動にも出た。もともと臆《おく》さない、図々しいタイプの人間ではあったが、この時はそれにさらに拍車がかかった。でも観測隊はそれ以上に臆さない人間の集まりで、皆さん快く受け入れてくださり、観測隊が集まるイベントなどに声をかけてくださった。そんな中、後々私の恩師となる人が現れる。現在は横浜・関内《かんない》にある「Ｂａｒ ｄｅ南極料理人Ｍｉｒａｉ」のオーナーであり、観測隊での越冬2回、さらに日本が誇る豪華クルーズ客船「飛鳥」及び「飛鳥Ⅱ」の料理人として世界9周（横周）されている篠原洋一さんだ。

最初はお店の客として話を伺い、意を決して自分も観測隊員になりたいと意思表示をしたが、篠原さんがかけてくださった言葉は甘くなかった。年齢的にも若くはないし、体力が求められる南極観測においては性別も障害の1つであると。観測隊で女性が調理隊員として参加をしたのは、一般公募*がされていない時分に海上保安庁の方おひとりだけという。

一般から調理隊員に応募するための応募資格は「調理師免許を有していること」「履歴書に2通以上の推薦状を添付すること」それだけだ。もちろん実務経験もなければならないし、1年間分の食材を用意し、それを管理するスキルは最低限必要だ。実務経験は20年近くあったし、越冬中の毎日の3食及び、夜食、間食などに対応できる経験と自信はあった。だからこそ、どうしたらいいのか。

私は推薦状の1通を篠原さんに書いてもらいたいと思っていた。でも同じ職種の人間として、自分からお願いするのはおこがましい。さてどうしよう。世の中、私より素晴らしい料理人はいくらでもいるわけで、その中で自分にできること、何を得意とするのかをまずは理解してもらわなければならない。お店に何度か通ううちに、篠原さんのお店に来るお客さんは篠原さんの料理はもとより、南極や飛鳥での話を聞きたくて来られる方がほとんどだということがわかった。だから篠原さんは、いつも料理を作りながらホスト役も兼ねなければならない。そこでお客さんの多い、パーティーを手伝わせてほしいと申し出た。パーティーの料理を作り、また篠原さんと一緒に仕事をさせていただく中で、自分の仕事ぶりや観測隊としての資質があるのかを判断してもらいたいとの思いだった。そんな機会が何度かあったある日、篠原さんが「推薦状書こうか」と言ってくれたのだ。篠原さんは「その時のことは覚えてないよ」と笑うのだが、私はその瞬間、心の中でガッツポーズをしたのを覚えている。篠原さんからのアドバイスは、「健康診断で落ちた時と、5回チャレンジしてもダメだった時は諦める」というものだった。

＊一般公募：現在では条件を満たせば誰でも応募できるが、以前は慣例的に決まったお店や組織から派遣されていた。

背水の陣で挑んだ3度目の試験

日本の南極地域観測が始まって約60年。1次隊から始まってその55番目、第55次隊から私のチャレンジは始まった。一般公募の流れは、毎年11月くらいに公募が開始、受付期間は1か月くらいだろうか。1次審査は書類のみで、落ちた場合は郵送にてお知らせが届く。第55次のチャレンジは書類選考通らず。はなから1回で通るとは思っていなかったので、その結果は比較的すぐに受け入れられた。翌年の第56次は書類選考を通過。今度は郵便ではなく、直接電話連絡をもらって2次選考の面接の日程を調整、年明けに国立極《こくりつきょく》地《ち》研究所《けんきゅうじょ》にて面接に臨んだ。ちょうど、受験のための面接の練習をしていた子どもは「はきはきと話すこと」「面接官の目を見て話すこと」とアドバイスをしてくれた。

その1週間後、自宅の集合ポストではなく、ドアポストに白い封筒が投函されたのだが、たまたま在宅していて、郵便局員が入れた封筒がことりと音を立てたのを覚えている。その時点でなぜか手に取らなくても国立極地研究所からの郵便物とわかったし、結果もわかっていたような気がする。受験生のような気持ちで開封してみると、通過ならず。2回目のチャレンジの結果はなかなか自分の中で消化できず、家族のいない自宅で子どものように声を上げて泣いた。

観測隊に応募するためのチャンスは1年に1度だけ。落ちてからまた応募するまでの1年間、モチベーションを保つことが何よりしんどかった。落ちるたびに自信をなくし、自分に何が足りないのか、何が求められているのか、次の募集が始まるまでの1年をどう過ごせばいいのか思い悩む日々が続く。でも自分でも気づいていなかったが、どうやら私は自分の中にある不満や不平を力に変えるタイプだったらしい。それに、それまでに築き上げてきた人脈も私を支えてくれた。日常でどんなにつらいことがあっても、南極への思いがあれば耐えられた。そして3度目、第57次の選考。篠原さんをはじめ推薦状を書いてくださっている方々にもそろそろお願いしづらくなってきていたこともあって、自分の中では背水の陣といった気分だった。面接も2度目となると冷静に周りを見ることができてきて、面接官が前回より2名多いなとか、やけに面接会場が寒いけど、これはわざとなのかなどと、どうでもいいことを考えていた。

一通りの面接を終えた頃には鼻水が垂れてきそうで、そっちの方が気になり始めていた。面接官より「最後に何か言いたいことはありますか」と問われた私は「もういっぱいいっぱいです」と正直に余裕のないことを伝えていた。面接で言ってはいけない言葉だったとは思うが、それがその時の自分の本音だったのだから仕方ない。これで落ちたらそれまでだと思っていたが、結果は予想以上に早く判明した。面接の日の夕食は行きつけの焼き肉屋さんだった。食事を終えてレジへ向かうところで、携帯が鳴った。着信の市外局番を見て、国立極地研究所からの電話だと瞬時にわかった私は、子どもに財布を渡し、会計をお願いして外に飛び出した。興奮気味に電話に出ると、南極観測センターの職員から健康診断と冬期訓練へ参加するようにとの連絡だった。自分が待ち望んでいた新しいステージへの道が開けた瞬間だったが、それをすぐに家族に話すことはできなかった。

*
1
南極へ行くまで

非日常すぎる訓練

そこからは3日間に及ぶ健康診断で徹底的に全身を調べられ、人生初の精神科も受診した。ある病院では個人名ではなく「南極さん」と呼ばれたのがおかしかったし、1日に3つの病院をはしごして、最後の病院ではヘロヘロになりながら片足立ちの検査をしたこともあった。

その次は冬期訓練。3月の長野の山中で100人規模の集団が雪中行軍《せっちゅうこうぐん》している様は異様としか言いようがない。スノーシューを履いて歩く行軍を見て、この人たちみんな南極に行くんだ！　と思ったら非日常すぎて、周りにばれないように必死に笑いをこらえた。山小屋を拠点に行軍したり、山中にテントを張って寝たり、木にロープをかけて登ったりと雪山での基本的な行動訓練をするのが主だったが、もう1つ、第57次隊の候補となっている隊員たちが初めて一堂に会する顔合わせの場でもあった。

さまざまな業種、そして個性豊かな面々。みんなポテンシャルが高く、こんな人たちと仕事ができるんだと思うとワクワクした。

そこから少し時間を空けて、6月になると、実際に南極でどんな業務をするのか、隊全体の動きを確認する座学中心の夏期訓練が行なわれた。例年は草津で行なわれると聞いていたので楽しみにしていたのだが、宿泊施設の住所を見て愕然《がくぜん》とした。最寄り駅は自宅と同じ。自宅から車で10分以内、徒歩でも30分の研修施設。それでも訓練中なので帰宅は許されない。というわけで、朝は子どもが小さい時に遊んだこともある公園でジョギングをし、いつも買い物をする駅前で買い出しをするといった、なんだか気分的には消化不良の訓練だった。

南極に行く前提の訓練、でもこの時点で行くことが決定しているのは隊長と副隊長のみ。他の隊員は文部科学省の公式の発表が出ない限りあくまで候補でしかなく、自分の身体のことでありながら健康診断の結果も教えてもらえないという、悶々とした時間を半年くらい過ごす。この訓練が終わるといよいよ隊員室開き。7月1日からは、観測隊としての仕事が始まるのだ。

隊員室開き

　7月1日、東京の立川にある国立極地研究所に併設されている「南極観測センター」に隊員室が設置される。その冬、日本を出発する隊員が国内準備をするための場所で、業務内容にもよるが隊全体の半数以上がその事務所で働き始める。といっても、実は調理隊員と庶務隊員はその数日前から動きだしていた。

　隊員室が開設される7月の第1金曜日に「隊員室開き」という、お披露目会が行なわれる。その宴席は調理隊員主導のもと、全隊員がホストとなって仕込みから会場設営、サービスまでを行なう。ある意味、調理隊員の力量が最初に試される場なのだが、本来が事務所なので厨房などあるはずもなく、よくある給湯室程度のキッチンしかない。調理器具もほぼない中で約250〜300人のパーティー料理を作るのは無謀とも思えたが、あるものでやりきる！　のも観測隊スピリッツ。コンロのやりくりも考えながら、また調理隊員2名だけでは厳しいので、他の隊員が作れるような段取りも組んで献立《こんだて》を考える。

会場には南極観測に関わる企業の方々や研究者などが集まり、その中で隊員が挨拶をする。挨拶をするために立つ台は、フォークリフトで荷物を載せるパレット（荷台）を積み重ねたもの。飲み物を冷やすのはスノーモービルで牽引するための橇《そり》に氷水を張ったものといった、南極ライクな感じだ。

「隊員室開き」で観測隊として初めて挨拶をした。感極まって泣きそうだったのを覚えているが、なんと言ったかは思い出せない。

とにもかくにも調理隊員としての最初のミッションを無事にこなした後は、食糧を仕入れる業者との打ち合わせや、アイテム選び、見積もり、発注、コンテナへの積み込み、船への積み込みまでを段取りよく進めていくことになる。その他の隊員たちも外部研修を受けたり、必要な物資の発注などに追われてはいたが、これからの苦楽を共にする仲間としてよく飲み、よく食べ、よくしゃべりといった時間を共有した。

その中の1人がしてくれた話がとても印象的だった。その隊員は、ある組織で事務方をしていたのだが、そこで「南極へ行きたい」と話すと馬鹿にされるという。「南極」という言葉は、あまりに非現実的でなかなか受け入れてもらえない。確かにそれが普通なのだろう。でも隊員室には、南極に行くことが当たり前と思っている人間しかいない。自分と同じ目標を持って、自分と同じ思いを共有できるこの空間がとても心地よく、その一員であることを幸せに思うと話してくれた。

国内準備期間には、隊員同士の親睦を深める意味もあり、みんなで高尾山のビヤガーデンに行ったことがあった。子どもを連れて行ったのだが、我々のはしゃぎっぷりを見て「子どもと変わんないな」と笑われた。他にも、隊員室でさんまパーティーをしたり、餃子パーティーをしたり、お盆休み明けにはそれぞれの故郷からお土産が集まるのだが、野菜などを持ってくる隊員もいて、それらの食材を使って調理隊員2人でみんなのお昼ごはんを作ったり。

そんな時間を過ごし、すべての物資を船に積み込むと国内での仕事はなくなる。そうするとそれぞれが家族と南極出発前の最後の時間を過ごすために、それぞれの家に帰っていく。

荷物で溢れていた隊員室から人の気配が消え、もう使うことのないデスクと世界一遠いと言われる内線電話だけが残されていた。

＊

1
南極へ行くまで

家族のこと

私が南極へ行くにあたって家族の応援があったかといえば、そうとは言えない。今まで家事労働の大半を担っていた人が1年4か月欠けるということは、それを残された人で負担しなければならないわけであり、迷惑以外の何物でもなかっただろう。

南極へ行きたい！　と家族に言った時、誰も本気にしていなかったし、それを実現するなんて無理だと思っていたに違いない。

「せめて子どもが成人するのを待った方がいいのかもしれない」

「でも年齢的に健康診断を通過できなくなる可能性が高くなる」

「万が一、義理の両親に何かあった時に嫁がいないというのもいかがなものか」

ためらう理由はいくらでもあった。

実際、南極へ行きたいと話した知人に「ご家族はどうするの？」「自分勝手すぎやしない？」と非難されたこともあった。

でも応募すらしないで諦めることはできなかった。落選する、もしくは健康診断を通らなくて断念するなら仕方がない。でもそれ以外の理由で断念したら一生後悔するし、自分の人生を嫌いになる気がした。私は、子どもがある程度大きくなった時点から、「君の人生なんだからね」ということを口にするようにした。それは自分自身に対する声掛けだったのかもしれない。母親ではあるけれど、家族ではあるけれど、それぞれが個人なのだからという考え方が私の根底にはある。だから家族を置いて、1年4か月帰ることのできない昭和基地へと向かえたのだろう。

ご縁あって結婚をし、子どもにも恵まれた。もちろんどの家庭にもあるような喧嘩もあったし、我慢できずに声を荒らげたこともある。そんな自分の中にある不満や怒りを力に変えて1度、2度、3度とチャレンジを続けた。

出発の日は平日。子どもの学校の先生は授業は気にせず空港まで見送りに行ったらどうかと提案してくれたのだが、当の本人は「かあちゃん、悪いんだけどさ。俺、皆勤かかっているから見送りは行かないよ」と。

朝食はきちんと食べる、を習慣としてきたので、その日もいつも通りに朝食の準備を始めたのだが、どうにもこうにも涙が止まらない。なんとか朝食を済ませ、登校する子どもを玄関まで見送った時に、両腕を広げてみせると鼻でふっと笑いながらハグしてくれた。夫には「ありがとうございます」と頭を下げるのが精いっぱいだった。なんと淡白なお別れだろうと思われるかもしれないが、その方がありがたかった。空港まで見送りに来られたら、感情を抑えきれずに泣きじゃくっていたかもしれないし、飛行機の中でも平常心ではいられなかっただろう。

家族を見送った後、1年以上使わないであろう自分の布団をしまい、簡単に片付けをして空港に向かう時点で、気持ちの切り替えをすることができたのだから。

2

南極で料理する

南極へ向かう

南極地域観測は文部科学省の管轄だが、物資や人員の輸送などは海上自衛隊が協力をしてくれている。物資を積んだ南極観測船「しらせ」は出発の2週間くらい前に日本を出航しているが、観測隊本隊は空路でオーストラリアに向かい、そこから「しらせ」に合流する。おそろいのユニフォームを着こんだ観測隊が成田空港に集合し、出発式なるものもあるにはあるけれど、かなりあっさりと終わってしまう。飛行機でオーストラリアのブリスベン、パースと乗り継いで、そこからはバス移動。オーストラリアの西にあるフリーマントルという港に向かう。あらかじめ日本で発注していた食糧を積み込んだら一安心。出航前のわずかな自由時間に公園で散歩をしたり、フリーマントルの小さいが心地よい街を散策したりと最後の文明圏を楽しんだ。

出航の日、現地に住んでいる日本人の方に見送られながら船は岸壁を少しずつ離れ、気が付けば沖合に。岸壁の突端は石積みになっていて心細いものなのだが、そこに大きい日本の国旗を振ってくれている人影を見つけた。誰かのご家族なのかどうかも判別できないくらいの距離だったが、こんなところまで見送りに来てくれたことに感激と感謝が溢れた。あまり意識していなかったが、自分が国家事業に関わっていると改めて実感した。しばし感傷的になっているとあっという間に大海原で他の船影も見えず、ポツンと取り残された気分になってしまった。

私は船にはめっぽう弱く、出航後まもなく気分が悪くなっていたが、自衛官から3日間酔い止めを飲まずに耐えきれたら、その後の航海が楽になるからとのアドバイスを守っていた。オーストラリアから南極海に向かうには「吠える40度、狂う50度、叫ぶ60度」と呼ばれるほど荒れ狂う海域を通過するのだが、結局途中で我慢できずに薬に頼ることとなった。

海が荒れている日は浴槽のお湯がこぼれたり、お味噌汁やお茶を倒してしまったり、船酔いで食事を摂れない日もあったが、船酔いしない人や慣れている人に言わせると、「しらせ」は比較的揺れない船らしい。慰めなのかもしれないが、私には気休めにもならず、耐えるしかない日々を過ごした。その海域を抜けると海は穏やかになり、甲《かん》板《ばん》で運動をしたり、氷山を眺めたりと気持ちも穏やかになっていった。

定着氷縁《ていちゃくひょうえん》と言われる氷の縁に到達すると、南極観測船の本領発揮。凍りついた海の氷を割りながら進んでいくのだが、一定以上に氷が厚くなると進めなくなってくる。するとラミング航行といって、いったん船体を200〜300メートルバックさせる。そこから全速前進して氷に乗り上げ、船の重さで氷を砕いていく。時には船首にある穴から散水をし、海氷上の雪を溶かしながらひたすらこれを繰り返して昭和基地を目指すのだ。

我々、第57次隊の時は比較的スムーズに氷の間を進めたが、年によっては3000回以上のラミング航行を行なったケースもある。この間は、船底から氷にあたるゴリゴリという音が絶え間なく響き渡る。

その音はまるで船が軋《きし》んでいくようで、昭和基地に到着した船体は、日本を出航した時とは違い、船底が傷つき、氷に覆われた南極海での航行がいかに過酷かを物語っていた。

Column
1
南極へ持っていった私物

私が南極に持ち込んだ私物は中ダン10個。中ダンとは側面にアザラシやペンギンのイラストが描かれている観測隊仕様の段ボールで、サイズによって小ダン、中ダン、大ダンと呼ばれる。主流は中ダン。個人で使うBOXティッシュやナプキンなどの消耗品、生活を豊かにする趣味のものや本・資料などを持ち込む。なくても生きてはいけるがイベントで使用するグッズやミッドウィンターフェスティバルの時に着るための着物も。結局は10箱中6個程度で1年生活できた。持っていってはみたが使わなかったものは洋服。越冬中は作業ズボン3本、Tシャツ5枚（寒い時はTシャツの下に山用のアンダーウエア）で生活。空気が乾燥しているので洗濯物がすぐに乾き枚数は必要なかった。

南極到着

いよいよ昭和基地へ。

「しらせ」が昭和基地に接岸する前に、隊員はヘリコプターで基地に飛ぶ。輸送用のヘリコプターに荷物と20名ほどが乗り込み、それを数回繰り返して全員を運び出すのだが、ヘリコプターに乗る際には厳格なルールがある。それは1人100キログラムルール。ヘリコプターに搭載する荷物と人員の総重量を計算しなければならないため、1人あたりの重さが決まっているのだ。

自分の体重＋荷物で100キログラムはなかなかタイトな数字であり、大柄な男性隊員は間違いなくオーバーする。そうなると出発前に余った重量を売るという面白い売買が始まる。もちろん本物のお金のやり取りは発生しないのだが、小柄な人に「何キロ売って」「キロ単価いくら?　なら売ってあげる」といった具合だ。そうやって搭乗するメンバーで体重をやりくりして乗り込むのだが、乗る直前にとても嫌だけれど避けられない儀式がある。実際にヘリコプターに乗る格好のまま、公衆の面前で体重計に乗らなければならないのだ。当面の着替えの入った大きなリュックを背負い、包丁ケースを持ったまま重量を記録され、やっとヘリコプターに乗り込むことが許される。

「しらせ」で我々を南極まで連れてきてくれた自衛官の指示に従って、1列でヘリコプターに乗り込むが、客席などあるわけもなく積まれた物資の隙間に自分のスペースを確保して落ち着く。

私は1番最初に昭和基地入りする第1便メンバー。機体が徐々に上昇していくにつれて、手を振る仲間の隊員が見えなくなってきたタイミングで、ヘリコプターは進行方向に機首を振り、そこから一気に加速した。船ほどではないが空飛ぶ乗り物もそんなに得意ではなく、飛行時間があまり長くならないといいなと思いながら、じきに見えてくるであろう昭和基地を探していたが、なかなか人工物が見えてこない。まだかまだかと思っていたらヘリコプターは高度を落とし、気が付けばヘリポートに着陸。それは時間にして10分ほど。なんかあっけなく昭和基地に着いてしまったらしい。

乗り込む時と同様、1列になってヘリコプターから降りると、そこには同じく1列に整列した前次隊・第56次隊の姿があった。

その姿に圧倒された。ただただ圧倒された。胸が詰まる、ドキドキする、どの表現も当てはまらないくらいの衝撃だった。

みんな、一様に真っ黒く汚れたヤッケを羽織り、破れたズボンはガムテープで補強され、顔は独特の焼け方をしている。女性隊員も同様に薄汚れた格好で出迎えてくれた。汚れていたから衝撃を受けたわけではない。彼らの佇まいは1年、途中補給もなく、閉鎖された極地《きょくち》という空間で、それぞれの任務を遂行し、成し遂げた自信に満ち溢れていたのだ。めまいがするほどかっこよかった。1年後、自分は彼らのようになれるのだろうか。そんなことを考えていた。

Column
2
南極大陸データ

面積　約1388万㎢　（日本の約37倍）

地球上の氷の約90%が南極に

南極は地球上でもっとも大気が汚染されていないエリアと言われ、世界各国が情報を共有しながら研究・観測を行なっている。南極条約（1959年に締結され、日本は原署名国12か国のうちのひとつ）によって領土権の主張や軍事目的の利用は禁止されている。自然保護の観点から外来生物の持ち込みが禁止されているので、かつてのような犬橇は利用されておらず、ペンギンやアザラシなどの動物に近づく距離にもルールがある。食糧の鶏肉も検疫を受けてから持ち込む。その逆に南極の動植物を持ち帰ることも禁止。唯一お土産として持ち帰ることができるのは南極大陸から流れ出した氷山の氷。その氷を切り出す作業はアイスオペレーションと呼ばれ、観測隊名物の氷山流しそうめんもこのタイミングで行なわれる。

夏から始まる南極生活

南極・昭和基地での夏の生活はあまり知られておらず、自分が隊員になる前に探した資料では、その生活のほとんどを窺い知ることはできなかった。南極に行くのは越冬隊だけではない。夏隊・夏隊同行者と言われる、一緒に出発して4か月を過ごし、先に帰ってしまう50人くらいの人たち。ちなみにこのメンバーは白夜《びゃくや》の時期に南極へ行き、白夜の時期に帰国するので「日帰り」とも言われる。それから物資と人員を運ぶための船を運航する180人くらいの海上自衛隊の皆さん。そのため、夏の昭和基地周辺は200人以上の人々で溢れかえっている。

越冬時は個室のある昭和基地の主要部で生活をするが、電力も水も夏の間の消費量には耐えられない。そのため、そこから離れた鮮やかな濃いオレンジ色の第1夏期隊員宿舎（通称いちなつ）と第2夏期隊員宿舎（通称になつ）、この2つが夏の間の宿泊先になる。

ここでの食事は観測隊の調理隊員ではなく、海上自衛隊の給養員が主体となって用意をしてくれる。盛り付けや配膳など多少手伝うこともあるが、我々の夏の主な仕事は建設現場での土木作業だ。昭和基地は冬を迎えてしまうと積雪との戦いになるため、比較的雪の少ない夏の間に建物の修繕や建設を済ませなければならない。数人しかいない専門家の指示のもと、私のような調理師から医師までが電動工具を使い作業を行なうのだが、職人さん仕様の工具はそれだけで重量があり、長時間作業をしているとどんどん握力が失われていった。慣れない1日の作業を終えると疲労困憊。しかし沈むことのない太陽がさらにメンタルも脅かす、まさに体に鞭を打つといった日々だった。

「いちなつ」と「になつ」の間は距離にして200メートルくらいだろうか。それだけしか離れていないのに、ブリザード*が来襲するとこの距離を移動するのもままならなくなる。そんな宿舎でクリスマスくらいから2月1日の越冬交代式までを過ごし、交代式後に越冬隊は基地主要部の居住エリアに引っ越していく。夏隊のメンバーは「しらせ」に帰還する者、「しらせ」が基地から離れる2月の中旬まで残り、ライフラインの整備に追われる者とさまざまだが、いずれにしても南極の夜を知ることなく去って行ってしまうのだ。
「しらせ」に戻る夏隊との別れは涙。夏隊は極地に越冬隊を置いていくことがつらくて涙を流し、越冬隊はつらい夏を共にした仲間との別れを惜しみ、そしてヘリの最終便が飛び立った後は、広すぎる昭和基地にたった30人が取り残された。夏の間と違い、すれ違う人もなく越冬生活の始まりを実感した瞬間だった。

＊ブリザード：激しい吹雪のこと。

Schedule

第57次隊の南極生活スケジュール

12月
初旬　日本出発
中旬　南極到着

1月～
一緒に日本を出発した夏隊とともに滞在

2月
中旬　夏隊が日本へ帰還する
（夏隊が帰還した後は、約1年間食糧無補給で過ごす）

翌年2月
中旬　南極出発

3月末
日本到着

＊南極が夏の間（12月から2月）は、前次隊や自衛隊らとともに任務の引継ぎなどを行なう

日本から南極までの道のり

日本から南極までは約14000キロメートル！
南極観測隊は、まず飛行機で日本からオーストラリアへ向かいます。
そこで最後の食糧を積み込んで、南極観測船「しらせ」に乗り、
約3週間かけて南極を目指します。
観測隊は夏の数ヶ月間滞在する夏隊と、1年以上滞在する越冬隊がいます。
私は越冬隊として南極へ行きました。
帰還時は往路と同じく「しらせ」でオーストラリアへ向かい、
飛行機で日本へ戻ります。

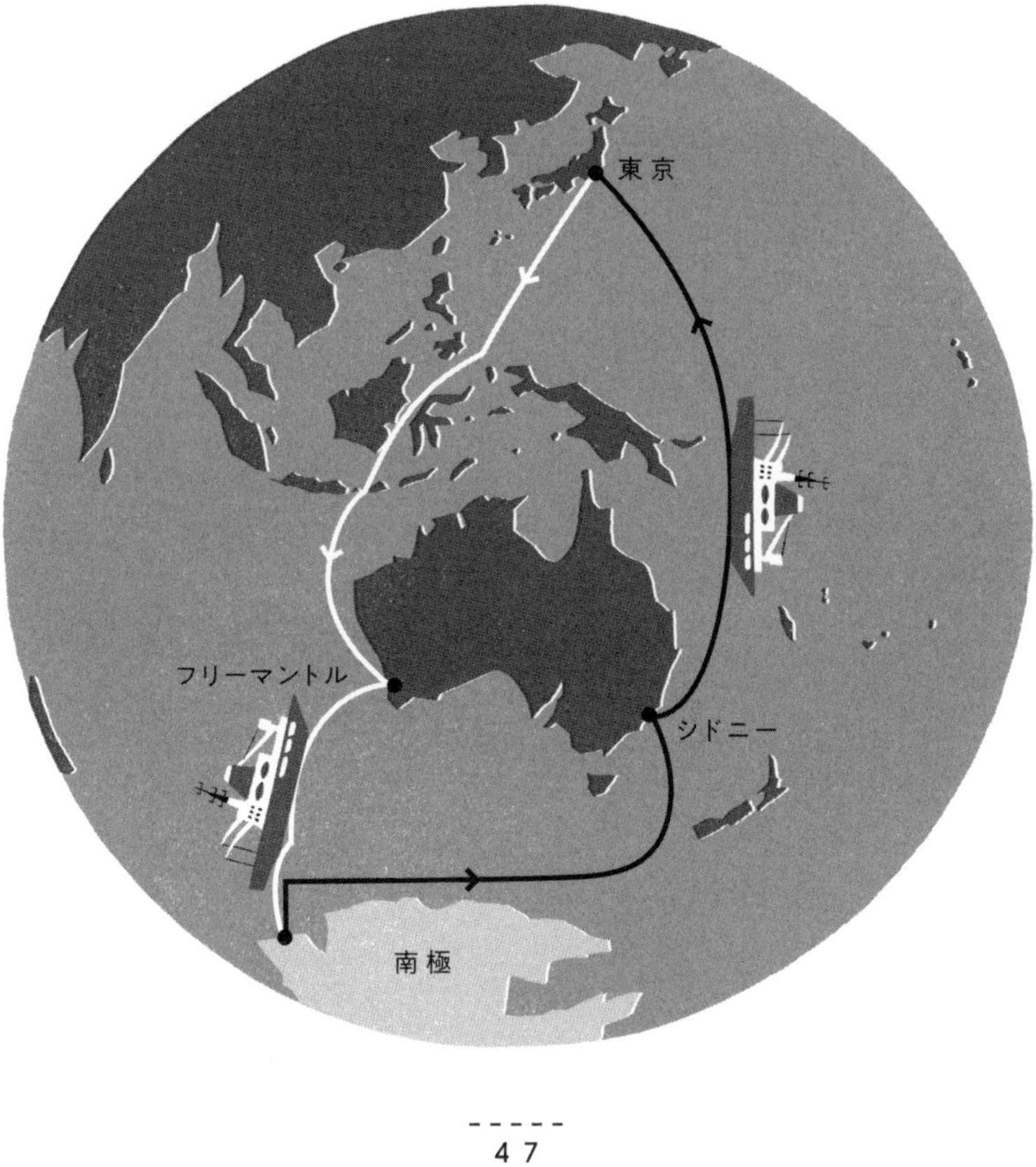

私の1日、調理隊員の仕事

調理隊員は2名体制で、交代で厨房に入る。2人一緒に調理をするという選択肢もあったが、そうしてしまうとその都度の負担は減るけれど、休みや他の仕事をするチャンスが減ってしまうので、相方さんと相談して基本的には1人で30人分を作る方法を取った。

朝食の当番の日は4時半に起床、いったん厨房に入るとなかなかトイレに行かなくなってしまうため、仕事の前にトイレを済ませる。お米を炊く準備や前の晩に解凍・発酵させておいたパンを焼き、場合によっては外で仕事をする隊員のお弁当を準備する。朝食はパンもご飯も食べられるブッフェスタイルで、食べる食べないは自由。だいたい5割程度の隊員が集まってくるが、そのうち誰が何時に来るかも覚えてしまう。みんなの朝食が終わるくらいに自分も朝食を摂って片付け。そのまま昼食の仕込みに入り、目処がついてから休憩。

昼食は、午後の仕事までに少しでも休憩が取れるようにと麺類、丼などさっと食べられるメニューを中心にし、最後の人の配膳を見届けてから、厨房に一番近いテーブルで他の隊員と談笑しつつ自分も昼食を摂る。昼休憩の時間が終わると隊員はそれぞれの職場に散っていき、私は厨房の片付けをする。いったん厨房をまっさらにリセットし、30分仮眠をとることにしていた。自分の部屋に戻ると戦闘モードではなくなってしまい、寝過ごすのが怖かったので、通しの仕事の日はあえて部屋に戻らず食堂の一角、サロンと呼ばれるところのソファで寝ていた。私がそこで仮眠をとっているのはみんな知るところだったらしく、私を起こさないように見守ってくれていたようだ。

仮眠の後は、冷蔵庫や冷凍庫から食材を移動させたりなどの作業をする。食材は基本、冷凍ものなので当日の準備では解凍が間に合わないのだ。だからメニューも前日にはおおかた決めておく必要があるし、パーティー料理などの場合は1週間前から食材の準備にかかることもあった。

時間を見ながら夕食の仕込みに取りかかる。日本のお店で調理の仕事をする場合、お客さんが何人来るのか、何時に来るのか、何の注文が来るのかは全く読めないのが当たり前で、長く連なったオーダーシートに追われる毎日だったけれど、昭和基地では決まった時間に30人分。材料はあるものしかないけれど、原価計算をしなくてもいいし、食べ手の反応がダイレクトに聞けるし、仕事に集中できる環境だった。

夕食は、メインの料理に小鉢ものが2～3品、ご飯とお味噌汁はセルフサービスになっていて、一人暮らしの男性からするときちんと3食食べられるありがたい生活だったらしい。

夕食はみんなと同じタイミングで食卓に着き、たわいもない会話を楽しむ。夜勤をする隊員の夜食の準備をしつつ、そのまま夜のミーティングに入り、明日の行動予定や情報共有を行なう。

それ以降は入浴したり、自分の部屋にこもる者、観測の仕事に戻る者などさまざまだが、調理の仕事は終わらない。仕込みで使った鍋や調理器具を洗って片付けが完了するのが22時くらいだろうか。できるだけ23時までにお風呂に入るように決めていたが、それには理由がある。23時くらいから食堂でヨガをするのを習慣にしていたのだ。いつものメンバーが自然発生的に集まり、いつもと同じヨガのＤＶＤに合わせてみっちり1時間ヨガをする。それが終わるともう1度、厨房に入って冷凍庫からパンを取り出す。観測隊が持ってきているパンの大半が「フジパン」の「成型済み冷凍パン」か「焼成《しょうせい》済み冷凍パン」と言われるもの。焼成済みパンは焼いてあるパンが冷凍されているものなので、解凍すればすぐに食べられるが、成型済み冷凍パンは解凍後に発酵させて焼く必要がある。フジパンは日本で初めて冷凍パン製造に成功したメーカーであり50年以上にわたってパンを寄贈してくださっているのだが、成型済みの冷凍パンは種類が豊富でみんな喜んで食べてくれた。日本なら解凍して2次発酵をさせて焼くまで1時間もかからないのだが、湿度も気温も異なる南極では冷凍庫から出して5時間くらいがベストなのだ。そんなことがあるなんて信じられず、最初はこわごわだったが、南極が2度目の相方さんの言うことは正しかった。それからは寝る前にパンを冷凍庫から出すのが私の1日の最後の仕事になった。

観測隊の仕事はそれぞれ職種が違うので、作業も拘束時間も違ってくる。だから仕事量を比較してはならないという暗黙の了解があるのだが、調理隊員の拘束時間はどうしても長くなってしまう。それは日本国内においても同じことで、他の人が休んでいる時が仕事の時間。パーティーの日は厨房で料理を作っているし、ブリザードで外での作業ができず、みんなが基地の中で過ごしている時も調理隊員の仕事はいつもと変わらない。

調理隊員の仕事は越冬隊の食事を作るだけではない。夏の間は土木作業員としてコンクリートを練《ね》ったり、そのコンクリートで車庫のスロープを作ったり。足場を組んで風力発電の建設作業も手伝った。食糧の入ったコンテナをフォークリフトで運ぶこともあれば、大型のトラックの運転だってする。慣れない作業で筋肉痛になったり、知らないうちに体中に青あざができていたり、作業着が裂けたりといった具合。冬になるとひたすらスコップを使って手作業で雪かきをする。これは手掘りと言われ、重機では入れない建物の際《きわ》の部分をひたすら除雪する。基地の中だけでなく、野外で調理をすることもある。観測などで数日から数週間、基地を離れる隊員がいる時は状況に応じて帯同し、雪上車や小さな小屋の中で調理をする。

他にも仲間の隊員の仕事を手伝ったりと、やることがなくて時間を持て余すといったことはほとんどなかったが、その中でも私が好きだったのは雪上車の運転だった。新潟県の長岡市にある大原鉄工所が製造しているオレンジ色の雪上車。大きさもさまざまだが、ハンドルは円形ではなく、テンパーと呼ばれる2本の棒状のもので、その棒を前に倒したり、後ろに引いたり、曲がる時は片方だけを引いたりして運転をする。

日本では運転したことのない大きな車体を操作するので、それだけで結構な力が必要になる。慣れるまでは肘から下が筋肉痛でパンパンになり、湿布を貼ったまま運転する日もあった。

その雪上車を運転して何時間も海氷上や南極大陸を走行するのは、真っ白い世界を存分に味わえる時間でもあった。

相方さん

南極地域観測隊において調理隊員は2名体制の場合が多い。年によって1名体制の場合もあったようだが、食事は365日の3食に加えて、夜勤者の夜食やおやつなどの用意もあったりして、1人だと休めないとの人道的な理由によるものと思われる。

相方さんに初めて会ったのは、隊員室開きの前に行なわれる冬期訓練。集合場所の国立極地研究所のロビーだった。事前情報で名前は知っていたものの顔は全くわからず、南極観測センターの職員に「私の相方さんってどの方ですか?」と教えてもらった。ロビーの一角に丸いテーブルがあり、椅子に腰掛けていた相方さんに挨拶をした。でも、自分が何と言ったか覚えていないし、彼が何と返答したかも覚えていない。その後、冬期訓練中は班も別だったので相方さんと語り合うこともなかったが、実はその時、相方さんに「ごめんね」という思いがあった。

いまだに多くを男性が占める調理の現場で、女性の料理人と一緒に働いたことのある男性は多くはない。厨房での女性の扱いを知っているか否かによって立ち回り方も違うだろうし、相容れないこともあるかもしれない。特に、観測隊の調理隊員となると別の気苦労もあるだろうと思って引け目を感じていたのだ。でも南極に着いてから少しして、相方さんの言葉が私を救ってくれた。

「渡貫さん、南極に来ようって女の人は、あんまり助けられるのって好きじゃないでしょ。俺は基本、渡貫さんに手は貸さないから。どうしても困った時は声かけて」

その通り！　足手まといにはなりたくない、負担をかけたくない、自分でできることは自分でしたい、というのが基本理念の私は、重い食材を運んでいる時に「手伝いますよ」と言われるのが苦手だったのだ。もちろん、自分の力量を超えているとわかれば助けを求める。でもやはり引け目を感じないわけではない。そんな私にはありがたい言葉だったのだ。

相方さんは私より1つ年下。でも5年前にも南極を経験していたので、立場は先輩。日本とは全く異なる仕事内容をひとつひとつ丁寧に教えてくれた……わけではない。でも、彼が語る観測隊における調理隊員の在り方を聞いていくうちに、何をすべきか、何が求められているのかが少しずつ理解できたように思う。

そんな相方さんの口癖は、

「渡貫さん、それでもいいんだけどさ」

これは彼が私の意見に納得していない時だ。その後はなぜそれがダメなのかという理由が続くのだが、その言葉が出た時は逆らわず従うことに決めていた。ある意味、それは妻として嫁としてのスキルが生かされた部分だった気もするが、確かに言われてみればそうだと思うところもあったし、経験に基づいた考えには従う価値があると思った。

例えば、ある生野菜がなくなる日のこと。私は「今日が最後だよ！　だからかみしめて食べてね！」っていう思いでみんなに告知すべきだと思っていたのだが、相方さんはそれには反対。「人間、これがなくなった、食べられなくなると思うと精神的にロスを感じてしまい、逆にそれを欲してしまう傾向があるから、そのストレスを排除する意味でもあえて何も伝えない。ないのかもしれないとわかっていながら、確信はないってくらいのほうがまだマシなんだ」という理由だった。どうしても納得できずに反論したこともあったが、リスペクトできる人であることに違いはなかった。

修業してきた背景も違うし、2人で時間をかけて話し合ったわけでもない。献立を2人で摺り合わせることもしなかったが、それぞれが相手の献立を見て調整したり、食材の使用量も冷凍庫の残り具合を見ながらバランスよく使っていった。だからこの食材を使われたとか、使い方が気に入らないといったトラブルも起きなかった。

昭和基地の近くに長頭山《ちょうとうさん》という場所がある。南極大陸の沿岸にあり、岩が露出している山で、日帰りで登ることのできる距離に位置している。例年ならば、海氷上を移動してさまざまな場所で観測などを行なうのだが、我々の隊は海の氷が割れてしまったために、なかなか野外活動*が行なえずにいた。

「せっかく南極に来たのに基地だけで終わるなんて……」

そんな思いを抱えている人も多かった中で、みんなで交代で長頭山へ行く計画が立てられた。2つのチームに分かれ、時期をずらして行くという計画で、私はその1回目、相方さんはその1週間後の2回目のメンバーに予定されていた。

当日は相方さんが基地の食事を請け負ってくれ、いざ出発。雪上車に分乗して早い時間に長頭山を目指した。みんな緊張しつつも野外活動にワクワクしている様子が窺えたが、出発から2時間後には夢破れてしまう。1台の車両に不具合が出てしまい、このまま前進するか、基地に戻るかを相談した。長頭山まで行くことはできるかもしれないが、確実に帰れるかと危険予知をした結果、早い段階で断念すべきだという結論に至ったのだ。みんな口にはしないがこれが長頭山に行く最後のチャンスだとわかっていた。ぶつけようのないやるせない思いで車内は重苦しく、無念の帰還となってしまったのである。

そんなことがあって数日後、長頭山に行く2回目のチームの打ち合わせが迫っていた。それに参加するように野外観測担当者に言われたのだが、はじめは訳がわからなかった。そこへ隊長も合流してその言葉の意味を飲み込めた時、私はブワッと泣いてしまった。予想もしていなかったことが起こって衝動を抑えきれず、仲間に背中を向けて子どものように泣いてしまった。2回目に行くはずだった相方さんが、私が行けるように段取りを組んでくれていたのだ。

自分から私に言わないところが相方さんらしい。そんな相方さんにお礼を言いに行ったら、

「自分は5年前に行ってるから充分だよ」

その押し付けない優しさが最高だった。1回目に断念したメンバーには申し訳ないという思いもあったが、相方さんの優しさをありがたく受け取り、無事、長頭山の頂《いただき》に立つことができたのだった。

相方さんが私のことをどう思っていたのかはわからない。すんごい気を遣っていたのかもしれないし、内心扱いにくいなと思っていたかもしれないが、私はもう1人の調理隊員が相方さんでよかったと思っている。ほめすぎかな。

＊野外活動：決められたポイントにGPSを設置して氷床の動きを記録したり、ペンギンの営巣地で個体数をカウントしてデータを取ったりといった活動。

南極で料理する

調理隊員に必要な3つのスキル

2名で越冬期間1年、30人の口に入る食事すべてを取り仕切る。迎えの船が来るまで1年間途中補給はなし、自分たちが仕入れた食材及び予備食でやりきる。

「1年間分の食糧を1回で仕入れるスキル」
「自分の専門分野だけでなく、ありとあらゆる料理を作れるスキル」
「ケの日だけでなく、ハレの日にも対応できるスキル」

が必要！

南極で料理する5つのポイント

子どもたちに南極の話をする時、どんなものを食べているのかと興味津々で聞かれるのだが、残念なことに答えは「日本とあまり変わらないよ」なのだ。食材は日本とオーストラリアで仕入れていて、現地で調達するものはない。もちろん日本ではお目にかかることのない白滝や焼き豆腐の缶詰とか、ありとあらゆる種類のフリーズドライ食品、こんなものあるんだという冷凍野菜は使っているが、料理自体は日本で食べるごはんをベースに時々パーティー料理といった具合だろうか。

ただ、南極でしかありえない日本と異なる大きな違いが5つある。

1

食糧を運べるのは年に1度！

1年間、途中補給なし！

2

常に生野菜が不足している！

1年間保存できる野菜は長いも・玉ねぎくらい。玉ねぎも冷蔵庫内の明かりが段ボールの隙間から入り込むことによって芽が出てしまう。南極条約で土壌・種の持ち込みは禁止だが、環境省に申請・許可を取った種子で、食用に限り水耕栽培は可。（グリーンルームで）水耕栽培・フィルム栽培・スプラウトなど多種多様な野菜を育ててはいたが、収穫量と人数が見合わず、生野菜はなかなか口にできない。

3

使用できる水の制約がある！

＊造水装置の能力　4リットル／毎分
5760リットル／1日

＊1日の使用量　170リットル／1人
5100リットル／30人（第57次隊の場合）

昭和基地の水源はいくつかあるが、越冬中は130キロリットル水槽という水槽に雪を投げ込んで、造水することが多い。水が足りなくなった場合、渇水《かっすい》警報が鳴り響き、その後の入浴、トイレが禁止になることも。

4

生ごみ排出の制約がある！

南極観測において、持ち込んだものはすべて日本に持ち帰るため、少しでもごみを出さないように工夫が必要。生ごみは生ごみ処理機で減容し、焼却。焼却して出た灰はドラム缶に入れて持ち帰る。

5

排水の制約がある！

日本国内の排水基準に合わせて浄化をしているが、なるべく人の生活排水で南極の海を汚さないために、排水自体を少なくする工夫が求められる。だから残ったスープ類はシンクに流さず、生ごみとして処理。これは災害時の調理と同じであると同時に、フードロス対策にもつながる。

2000品目、30トンを超える食糧

国内での準備は出発の4か月くらい前から始まる。何をどれだけ発注するのか、調理隊員は包丁を持たずにパソコンや電話で闘う日々。約2000品目に及ぶ食材を

発注し、10月には国立極地研究所の敷地内にあるコンテナに積み込んで、さらに荷積みのために大井埠頭に横付けされている「しらせ」へと運んで国内での準備を終える。人間1人が1年間に消費する食糧は約1トンと言われている。越冬隊全員分となるとおよそ30トン。また万が一、火災などで食糧を消失する危険に備えて、基地の主要部から離れたところに予備の食糧が保管されている。

基本的に口に入るものはすべて、お米からお菓子、アルコールに至るまで調理隊員が選ぶのだが、予算は隊員の給料から差し引かれているので、非常に神経を使う。食の好みに関するアンケートは取っているが、実はあまり役に立たない。遠慮してなのか、嫌いな食べ物など本当のことを書いてくれない人が多いのだ。アンケートを鵜呑みにしてその通りに仕入れておくと、いざ南極に行ってみたら違うじゃないかということがたくさん出てくる。あれが嫌い、これが苦手は当たり前、それ以外にも特定の調味料だけを大量に使う人がいたりと予想できなかったことも多く、南極に着いてから「やられた！」と思うことも多かった。また南極では体温を上げようとして体がカロリーを求めるため、日本国内にいる時とは好みが違ってくるケースもある。事実、私は南極で食べていたアイスクリームと同じものを日本で食べた時、甘すぎて1個を食べきれなかった。

隊員の出身地もばらばらで、北は北海道、南は鹿児島。少しでも嗜好に合うようにと味噌や醬油といった調味料も出身地に合わせて、さまざまな種類を用意した。アイテム数は2000を超え、越冬生活が始まったばかりの頃は何がどこにあるかを探せずに、目についた食材でできる料理を作る日もあった。

賞味期限切れからのスタート

賞味期限を気にすると昭和基地で生活するのは難しいかもしれない。食糧のほとんどは10月くらいに日本で、キャベツや牛乳、卵などの生鮮品はオーストラリアで積み込むのだが、実際にその食糧を使い始めるのは翌年2月からとすでに3か月が経過している。途中で食糧の補充があると思われがちだがそれはない。次の隊を乗せた船が南極に来るのは11か月後なのでそれまではそこにある食糧だけでしのがなければならない。となると食糧のほとんどは賞味期限切れ。

基本的には冷凍してしまうので問題はないのだが、やはり冷凍しても大丈夫な食材とそうでない食材がある。肉はどの種類であっても大丈夫だが、魚は脂の多い鯵《あじ》や鯖《さば》などは時間が経つほどに酸化して味が落ちてしまうので、極力先に消費するようにしなければならない。生クリームは分離してしまうし、プロセスチーズはポロポロと崩れてくるので、秘密の技を使って元の状態に近づける工夫をする。

それとは逆に冷凍が難しいと思っていたもので、実際に使えたものにきゅうりがある。もちろんそのまま１本を冷凍するわけではなく、薄い小口切りにしてさっと塩をしたものを小分けに冷凍しておくと、ポテトサラダなどで充分に使えた。パリパリとした歯ごたえも残っていて、食感の乏しい冷凍野菜の中ではお気に入りだった。

生野菜はというと玉ねぎ、じゃがいもなどは国産のもの。最後の仕入れ先のオーストラリアでも仕入れはできるが、水分量の関係か国産よりも日持ちがしないと歴代の調理隊員から引継ぎがあり、あえて国産のものを積み込んだ。オーストラリアで仕入れたものというと芯の部分に石灰を塗って成長を止めたキャベツや白菜、牛乳や卵。他には日本より安いワインや牛肉といったところだ。日本にいる時は保存がきくとは考えもしなかったキャベツは７〜８か月にわたって食べることができた。表皮は黒ずんできたり、溶けてきたりするが、それを「キャベツの皮むきオペレーション」と１

つのイベントとし、きれいに剝きながら保存する。最初は甘かったキャベツが少しずつ苦くなってくるのだが、生野菜のない南極では歯ごたえのあるキャベツの千切りは救いだった。

エネルギーも食材も無駄遣いしない エコロジカル&サスティナブルな 南極リメイク料理術

南極生活で30人の食事を1日3食
(その他におやつや夜食、お弁当も!)
作り続けてわかった料理の技。日々の献立づくりに役立つ、
簡単で地球に優しいリメイク例をご紹介します。

Remake Recipe

1

カレーは鍋まできれいに

みんな大好きカレーですが油分も多く、
洗う時はなかなか厄介なもの。これならカレーを減らしながら、
最後は鍋の縁にこびりついたカレーをこそげるようにし、
野菜を追加してスープにできます。

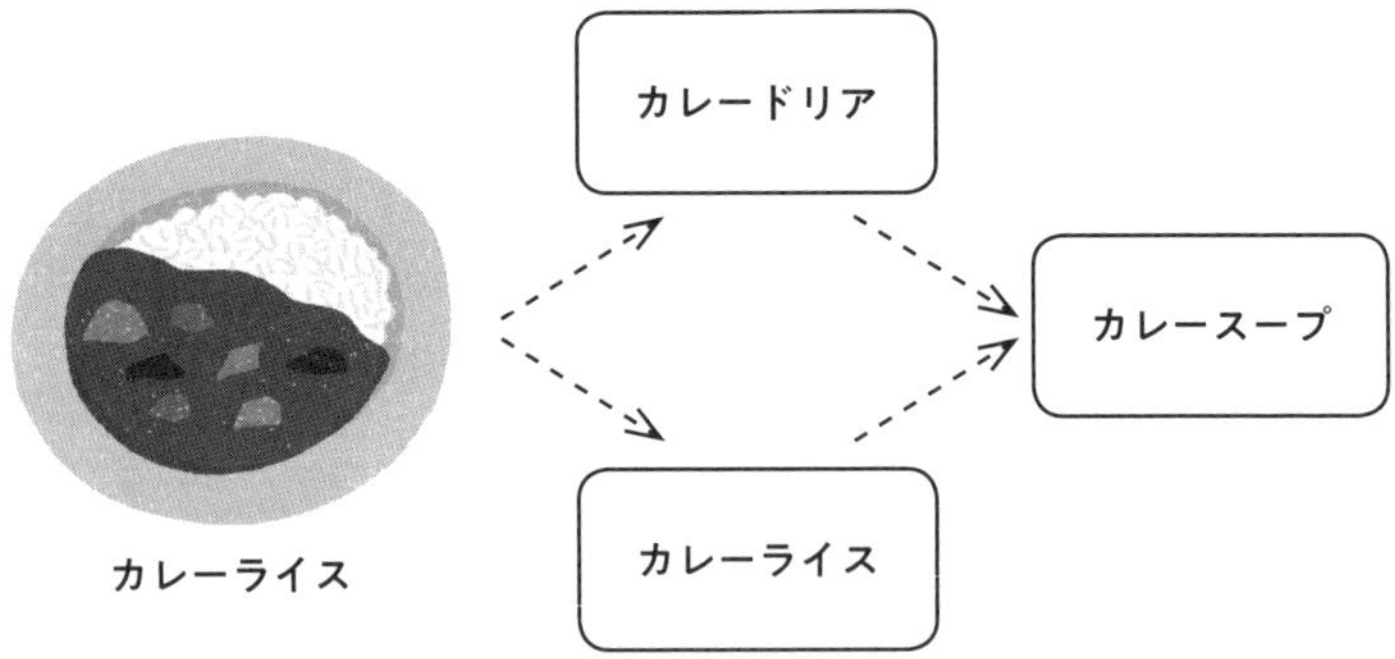

Remake Recipe

2

お麩の活用

あまり主役にならないお麩が大活躍。鍋に残った汁を
たっぷり吸いこませて煮物に。それでも余ってしまった時は
細かく刻んで炊き込みご飯に変身させちゃいます。

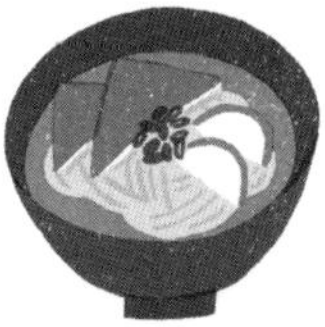

うどん

--→ タケノコとお麩の煮物 --→ 炊き込みご飯

Remake Recipe

3

風味だけリメイク

牛丼の汁で豆腐を煮ると、お肉がなくても肉豆腐風に。
くたくたになってしまった玉ねぎや鍋底に沈んだ
細かいお肉はカレーに入れちゃいましょう。

牛丼

カレーライス ←-- 牛丼 --→ 肉豆腐

Remake Recipe

4

リユースで時短リメイク

作るのに時間がかかりそうな料理も、既にあるソースで時短に。
ビーフシチューのお肉を細かくしてミートソースに。
煮込まれた野菜とデミグラスソースはカレーにすると
煮込まなくても2日目のカレーに。

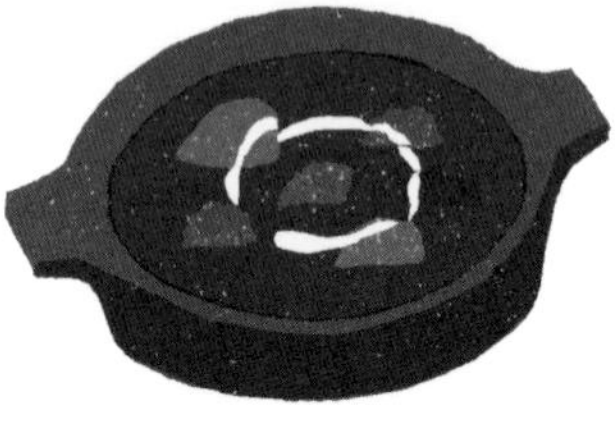

ビーフシチュー

ミートソース

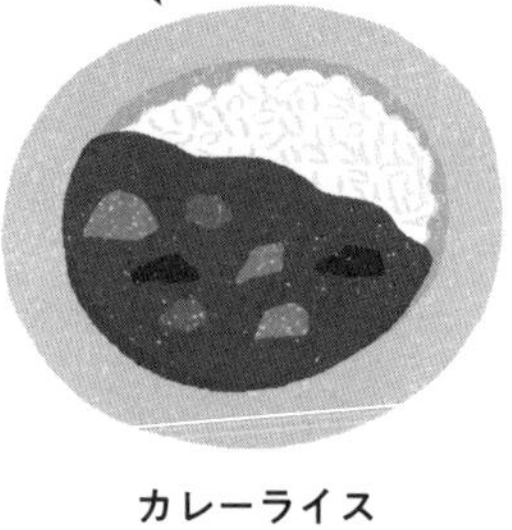

カレーライス

Remake Recipe

5
リメイクの神、なんでも受け入れてくれる懐の広いカレー

金曜日のお昼はカレー。海上自衛隊では船上での生活で
曜日感覚が失われないようにと金曜日のお昼にカレーを
食べる習慣があります。それにならって観測隊も金曜日はカレー。
1週間に1度のカレーは料理を無駄にしないという観点からも、
とても助けられるメニューでした。

家庭でも作れる南極リメイクレシピ

水や食材、使えるエネルギーに制限があっても、
今あるものを工夫して循環させて作る南極の料理。
おいしくて食べごたえがあり見た目も楽しい、
隊員たちにも大好評だったレシピを大公開!!

Recipe
1
チリソースチーズトースト

材料（1枚分）
*食パン　1枚
*チリソース　大さじ1
*玉ねぎ　1／8個
*マヨネーズ　大さじ1
*シュレッドチーズ　大さじ2
*ベーコン　1／2枚

1―チリソースとマヨネーズを混ぜ合わせて食パンに塗る。
2―スライスした玉ねぎ、ベーコン、シュレッドチーズをのせる。
3―トーストする。

買ったけど使いきれない。瓶から出したけれど、ちょっとだけ残ってしまったチリソース。洗い流さずもう1品!

Recipe
2
さんまのかば焼きラーメン

材料（2人分）
＊さんまのかば焼き缶　1缶
＊三つ葉　1袋
＊もみのり　全型1枚分
＊白ごま　大さじ2
＊ラー油もしくは食べるラー油　適量
＊市販の醤油ラーメン　2人分
＊五香粉、タイム、パセリなどのスパイス　適量

1—さんまのかば焼き缶をほぐし、3㎝長さに切った三つ葉、もみのり、白ごまを混ぜ合わせる。
2—出来上がったラーメンの上に**1**をトッピングし、ラー油をかける。
3—お好みでスパイスをふる。スパイスの種類によって味のバリエーションが広がります。

南極では万が一に備えての食糧として缶詰が保管されています。その缶詰を消費するためにさまざまな缶詰料理が生まれました。甘めのさんまのかば焼き缶がパンチのきいたラーメンに変身します。

Recipe

3

筑前煮まぜ寿司

材料（作りやすい分量）

＊筑前煮の残り　１カップ分くらい

＊ご飯　１合分

＊砂糖　小さじ２

＊塩　小さじ１／３

＊酢　大さじ１

＊錦糸卵　適量

＊枝豆　適量（緑色の野菜なら何でもいいのですが……）

１―砂糖・塩・酢を合わせてすし酢を作る。

２―筑前煮の残りは５㎜角程度に刻んでおく。

３―炊きたてのご飯にすし酢を合わせ、刻んだ筑前煮も混ぜ合わせる。

４―お好みで錦糸卵と枝豆をちらす。

筑前煮の残りはカレーに入れたりすることもありますが、せっかくなら染みている味を生かしてまぜ寿司を作りましょう。これなら具材をそろえなくても大丈夫。お稲荷さんにもアレンジできます。

Recipe
4
簡単すぎる炊き込みご飯

材料（作りやすい分量）
＊昆布のつくだ煮　1パック（85gくらい）
＊瓶入りなめたけ　1瓶（120gくらい）
＊お米　3合

1―お米を研いで炊飯器に入れ、規定量のお水を入れる。
2―昆布のつくだ煮と瓶入りなめたけをのせ、そのまま通常通り炊飯する。

Recipe

5

ミートコロッケ

材料（2人分）
＊ミートソースの残り
　お玉1杯分（約150g）
＊じゃがいも　3個
＊塩・こしょう　適量
＊小麦粉・パン粉　適量
＊卵　1個

1―じゃがいもは皮をむいて4等分にし火を通す。

2―ミートソースが残っている鍋に、柔らかくなったじゃがいもを入れ、つぶしながらソースと混ぜる。塩・こしょうで味を調える。

3―**2**の種を6等分して好きな形に丸め、小麦粉・溶き卵・パン粉の順につける。

4―170℃の油で3分程度揚げる。

お鍋をきれいにしながらもう一品！
南極では鍋の縁にこびりついたものも排水の汚れとなるので、洗う前に何かに活用できないかと考えたレシピです。

Recipe
6
鯖の豆乳スープ

材料（2人分）
＊鯖水煮缶　1缶
＊玉ねぎ　1／2個
＊豆乳　150㎖
＊だし汁　150㎖
＊しめじ　1／2パック
＊醤油　大さじ1
＊パセリ　適量

1―玉ねぎは薄くスライスし、
油を入れた鍋で焦がさないように炒める。
2―石づきを取ってほぐしたしめじを加えてさらに炒めたら
だし汁と鯖水煮缶を汁ごと加える。
3―ひと煮立ちしたら豆乳と醤油を加え、仕上げにパセリをふる。

寒い時は温かい汁物が喜ばれます。
缶詰の汁は旨味がたっぷり。その汁もすべて加え、さらに豆乳も加えた
クリーミーなスープは冷え切った体を温めてくれます。

Recipe
7
水を使わない 白菜とツナのさっと煮

材料（作りやすい分量）
＊白菜　1／4株
＊ツナ缶　1缶
＊油揚げ　1枚
＊醤油　適量
＊みりん　適量

1―白菜はざく切りにして洗う。
油揚げは短冊に切る。

2―鍋に白菜、その上に油揚げとツナ缶を汁ごと入れる。

3―ツナ缶の空き缶の8分目くらいまで醤油を入れて鍋に加える。
さらに同じく8分目くらいまでみりんを入れて鍋に加える。

4―蓋をして中火弱で10～15分ほど煮込む。

水なしレシピ！　白菜の水分だけで煮ていきます。さらに調味料はツナの缶を洗いながら計量するので、ツナが缶に残りません。また計量カップを使わなくてよいので洗い物も最小限です。短時間で特別な材料を一切使わない、でもしっかり味の染みた煮物です。

Recipe
8
白菜の漬物スープ

材料（2人分）
＊白菜の漬物　25gくらい
＊豚バラ肉　50g
＊干し椎茸　2枚
＊水　400㎖
（漬物の汁をそのまま使ってもOK）
＊醤油　適量
＊ごま油　適量

1　分量の水で干し椎茸を戻し、いちょう切りにする。
2　白菜の漬物と豚バラ肉は3㎝くらいに切る。
3　椎茸の戻し汁に椎茸を戻し入れ、火にかける。沸騰したら豚バラ肉と白菜の漬物を加える。
4　あくを取り、醤油で味を調えて仕上げにごま油を垂らす。

酸味が出てきてしまった白菜の漬物はそれだけでもだしになります。スープにすることで酸味が生かされ、豚肉を加えることでボリュームたっぷりに。

Recipe
9
パイナップルケーキ

材料（5個分）
＊薄力粉　75g
＊ベーキングパウダー　大さじ1／2
＊砂糖　60g
＊卵　1個
＊サラダ油　5㎖
＊牛乳　50㎖
＊パイナップル（缶詰）　5枚

1―ボウルに卵を割りほぐし、砂糖を加える。
砂糖が混ざったらサラダ油と牛乳を加え、
最後にふるった薄力粉とベーキングパウダーを混ぜ合わせる。

2―パイナップルの大きさのベーキングカップの底にパイナップルを敷き、
その上に**1**の種を流し入れる。

3―170℃のオーブンで30分焼く。

南極にあるフルーツは缶詰か冷凍ばかりです。
特に缶詰は甘みが強く、食べているうちにだんだん飽きてしまいます。
ペーストにしてヨーグルトにかけるなど、さまざまな工夫をして
缶詰のフルーツを楽しみました。

Recipe
10
パンプディング

材料（作りやすい分量）
＊食パン（何枚切りでも）　1／4斤分
＊卵　2個
＊牛乳　100㎖（生クリームでも）
＊砂糖　大さじ1
＊お好みのドライフルーツ（フレッシュフルーツでも）　適量

1—食パンは2㎝角に切る。もしくは一口大にちぎる。
2—卵と砂糖、牛乳をよく混ぜ合わせ、**1**のパンとお好みのフルーツを加える。しばらくそのまま置いてパンに卵液を染みこませる。
3—グラタン皿などに**2**を卵液ごと流し入れ、230℃のオーブンで15分焼く。

いつか食べようと思って冷凍してある食パンはありませんか。もしくは朝食で家族が食べると思ってトーストしたのに食べなかったパンなども活用できます。家にある材料でさっと作れてしまうスイーツです。アツアツとろとろを是非！

隊員たちの反応

みんなは喜んでおいしくごはんを食べてくれていたのだろうか。日本ならその日の気分によって食べるものを選べるけれど、南極では選ぶどころか好きなタイミングで食べることもままならない。

朝・昼・晩の食事の時間も決まっているし、メニューは日替わり1種類のみ。調理隊員は2名いるが、シェフを選ぶこともできない。食糧は基地のあちらこちらに存分に保管されているが、勝手に食べたり作ったりすることもできない。調理隊員が用意してくれたものだけを食べる生活なのだ。「今日のお昼はさっぱりとざるそばが食べたいな」と思っていても、出てくるのはこってりとしたラーメンかもしれない。やむを得ず気分と違うごはんを食べる日もあっただろう。でもそこは皆さん大人だった。

今日はいつもより味が濃いのでは？　なんて時もあったけれど、直接的に苦情が出たことはなかった。いつもおいしいおいしいと言って喜んで食べてくれる人や、ありがとうと言ってくれる人たち。逆に普段は特に感想を言わない人が、作り方を聞いてきた時はおいしかったんだなと嬉しくなる。

「日本にいる時は食べたことがなかったけれど、こんなにおいしいものだったんだね」という声もあった。

なかには自分の食べたいものをリストにして渡してくる人や、自分に作らせてくれという人もいた。私自身が献立を決めかねて何が食べたいか聞いたりもした。そんな時はありがたく、その希望に添うことに決めていた。

南極での料理には限界がある。キャベツはあるけれど、せっかくなら生で食べてほしい。そう思うとお好み焼きを作るにも躊躇した。越冬生活の後半になればキャベツもなくなり、とんかつに添える野菜もなくなってしまう。卵を10個使いたいと思いながら8個で我慢したこともある。冷凍ばかりの食材は技術の向上で種類も状態もよくはなっているが、やっぱり新鮮なものにはかなわない。鮮度のいい魚で作ったらもっとおいしいのに、もっとおいしい状態で食べてもらいたいのにそれができない。料理人としては作りたいのに作れない、食べさせてあげたいのに食べさせられない。それ自体がストレスだった。

でも隊員たちは不平も不満も言わず、いつも調理隊員の労をねぎらってくれた。だからこそ、頑張れたのだろう。

悪魔のおにぎり

生ごみを減らす工夫の1つとして、よく私は夕食で残ったご飯にいろいろ混ぜてはおにぎりを作っていた。おにぎりを出すのは基本、私の仕事が片付く時間なので真夜中近くになることが多かったのだが、その一つに「悪魔のおにぎり」と名付けられたものがある。

昭和基地での夕食は日本と違って早い時間ということもあり、そうなると夜中にお腹がすいてしまった男性隊員は食べ物を探しまわるという行動に出る。お菓子の倉庫からカップラーメンを取ってきて食べる者やお茶漬けを食べる者とさまざまだ。

ある日のお昼ごはんは天ぷらうどん。その時に出た天かすをリメイクすべく、天つゆで味付けしたご飯に天かすを投入。アクセントが欲しいなあと思ってあおさのりを加えた。実のところは、あおさのりがだぶついていたという事情もあった。あおさのりを使う料理といえばお好み焼きだが、貴重な生野菜であるキャベツを大量に使うお好み焼きはなかなか作ることができない。なんとか消費したいという思いもあって、私自身は「たぬきのおにぎり」を作ったつもりだった。

多種多様なおにぎりの中でも好評だったので天かすが出るたびに「たぬきのおにぎり」を作っていたのだが、そのおにぎりを前に思い悩んでいる1人の隊員がいた。「持って行っていいよ」と声をかけると、「いや、このおにぎりって悪魔っすね。うまいから食べたいんすけど、絶対カロリー高いじゃないですか。こんな時間に食べるには危険なんだよな」。結局、その隊員はおにぎりを持って立ち去ったのだが、それ以降、「たぬきのおにぎり」は「悪魔のおにぎり」と呼ばれるようになった。

（一説には作った私が悪魔という説も……）

そのおにぎりが帰国後、思わぬところからSNSで評判を呼ぶことになる。名付け親であるその隊員とはあまり連絡を取っていなかったのだが、このことをきっかけに頻繁にメールのやり取りをするようになった。

その中でその隊員がどんな思いで、悪魔のおにぎりを食べていたのかを初めて知った。気象隊員は、昭和基地の気象観測を24時間365日休むことなく交替で行なっており夜勤が多い。観測が途切れないように、夜な夜な1人で除雪をすることも多かった。昭和基地での除雪はやってもやっても終わりがなく、時には絶望感に襲われる。かといって諦めるわけにもいかない。途方もない量の雪との戦いの中で、悪魔のおに

Recipe
11
悪魔のおにぎり
（簡易版）

市販のめんつゆバージョン

材料（1合分）
*ご飯　1合分
*めんつゆ　大さじ2～3
*あおさのり　小さじ1
*天かす　大さじ5～6

1―ご飯にめんつゆを回しかけてむらがないように混ぜる。
2―天かすとあおさのりを加えてほどよく混ざったら、お好みの大きさに握る。

天かすは市販のものではなく、蕎麦屋さんのレジ脇でおすそ分けされているものやスーパーの惣菜コーナーで売っているもの、もしくは自分で天ぷらを揚げた時に出たものを使うと、より悪魔感が増します。あおさのりは細かめのものの方が口当たりが良いですが、入れすぎると苦みが出てしまうことも。もちろん青のりを使うと、より香り高く仕上がります。

Recipe
12
悪魔のおにぎり
（オリジナル版）

材料（1合分）
*ご飯　1合分
*天かす　大さじ4
*あおさのり　小さじ1
*天つゆ　大さじ2

〈天つゆの材料〉天つゆは煮詰めないように注意
*醤油　大さじ1
*みりん　大さじ1
*砂糖　小さじ1／2
*粉末だしの素　少々

→作り方は簡易版と同じです

南極では天つゆも作っているし、かえしも作ったりしています。
天つゆは日持ちをさせるために水を加えずに、
少し甘めに作るのが特徴。
寒さに対して体温を上げようとするので、
日本にいる時以上に体がカロリーを求めるのです。
残った天つゆはだしで割れば揚げだし豆腐などに使えます。

ぎりを食べるのが小さな幸せだったと。日本でそのおにぎりを食べて改めて思い出すのは、つらかった仕事と夜勤のない日の解放感。

悪魔のおにぎりの材料は決して贅沢ではない。日本にいればもっとおいしいものが溢れているけれど、食べること自体に制約のある南極では、こんなおにぎりが些細な幸せにつながっていた。

2つの失敗

から揚げにしようと発注した鰈《かれい》。納品された段ボールが自分のイメージより多かったので、なんでだろうと発注表を確認したら、単位が枚ではなくキロになっていた。アイテム数が多すぎて、エクセルファイルでまとめたため、単位の部分がずれていたことに気づかず……。2ケースで済む予定が6ケース。そんなわけでやむを得ず、鰈を消費しなければならなくなった。フライヤーの油を取り換えるタイミングで、鰈のから揚げを出す。

もう一つ、食材不明事件。ミッドウィンターフェスティバル（詳細は92頁）用に「水《すい》前寺《ぜんじ》のり」*を仕入れた。和食が専門の私にはなじみのある食材だが、食べたことのある人がいるとはまず思えない。戻す前の見た目は黒い画用紙そっくり。話のネタにもなるしと思って仕入れたのだが、行方不明に。基地の倉庫で見たのは確かなのだが、割れやすいので別の場所で保管したほうがいいかもと思って移動させたのか否か……どうやっても見つからない。とうとう困り果てて相方さんに見つけたら教えてほしい旨、伝えたが結局見つからず、ミッドウィンターフェスティバルにも出せず……。多分、今も昭和基地に眠っているだろう。

＊水前寺のり：九州の一部に自生する淡水の藻類。伝統的な日本料理に使用されることが多い。

春夏秋冬イベントごはん

昭和基地は南半球にあるので日本と季節は正反対になるのだが、四季折々の行事は日本の季節に合わせて行なっている。南極でもそれなりに季節の移ろいを感じることはできるが、花が咲くわけでも緑が芽吹くわけでもない。だからこそ、日本を思う意味で行事を大切にするのかもしれない。節句はもちろん子どもがいなくてもこいのぼりはあげるし、七五三もするんです。

春

春のお花見は欠かせない行事の1つで、基地の中でブルーシートを敷いて、車座になってお花見弁当をいただくのだが、もちろん花は咲いていない。

そんなわけで隊員が内職のようにピンク色のお花紙で花を作り、基地の中に飾り付けていく。さらには気象隊員が開花宣言をしたりと気分を盛り上げてくれるが、やはり本物が見たいなあと思ってしまった。南極滞在中で唯一、日本に帰りたいと思った日でもある。

この年はちょうど、リオデジャネイロ・オリンピックの年だったが、テレビが映らない昭和基地では観ることができないとわかっていた。代わりと言ってては何だが、自分たちでオリンピックをやろうということになった。聖火リレーから始まり、卓球や通路での綱引き、HITACHI伝統のパンポン*など、普段の運動不足を解消するかのように動き、仲間のプレーに歓喜し笑いあった。

食事はおにぎりやブラジル料理を用意したが、日本でブラジル料理を作った経験など皆無に等しく、シュラスコもどきのローストポークを作り、なんちゃらソースを添えてみたりした。

＊パンポン：日立製作所日立工場発祥の球技。板切れでテニスボールを打ち合ったのが始まりとされ、現在、大会なども催されている。

ミッドウィンターフェスティバル

南極地域観測において最大のイベント。

南極圏では極夜《きょくや》と言われる太陽が登らない日が1か月半程度ある。日本での夏至、南半球では冬至にあたるこの時期に南極圏で観測を行なっている世界各国が「一緒にこの極夜を乗りきりましょう」という意味合いでグリーティングカードを送りあったりする。

この期間は屋台を出したり、催し物をしたりとお祭り気分を味わうのだが、調理隊員にとっては最大の腕の見せ場でもあり、各々の得意分野のコース料理を提供する。

南極にいるとは思えない料理を正装で楽しむのだが、私はこの日のために着物を持ち込んでいた。さすがに仕込みに時間がかかり睡眠不足ではあったが、学園祭のようでもあり、しんどいながらみんなで何かを作り上げる充実した時間だった。

夏

「笹の葉さらさら」七夕をしようとしたが笹がない！　基地の倉庫を探してみたら、過去に作られたであろう緑色の竹ぼうきを発見したので、短冊をみんなに配って願い事を書いてもらう。平均年齢40歳超！　本気の願いを書く人、みんなに読まれることを想定して書く人それぞれだったが、みんなの願い事を見て、それが会話のネタになったりと予想もしないところでコミュニケーションにつながったかもしれない。

基地全体が雪に覆われ、岩が露出していないこともあり、天測点《てんそくてん》（詳細は105頁）と呼ばれる小高い丘からそりすべり大会をした。そういえば観測隊員になって橇《そり》という漢字を初めて知った。

誕生日会に室内で流しそうめんをしようと思いたち、みんなに相談すると、流す部分は設備隊員が塩ビ管で作ってくれ、その台は建築隊員が作る、さらには水が循環するように循環システムを組み込むといった具合。ないものは作る！　が観測隊スピリッツだが、それにしても専門家の集団はなんでもすぐにやってのけてしまう。せっかくクオリティーの高い装置ができたのだからと、そうめん以外のものも流そうと悪乗りし、うずらの卵やこんにゃくも流してみたりした。

秋

お彼岸だからおはぎ？　もちろん彼岸花《ひがんばな》は咲かないけれど、あんこもののお菓子は思った以上に喜んでもらえた。私自身も日本にいる時以上にあんこのお菓子を作っていた気がするくらい、おやつのあんこ率は高かったかもしれない。私の誕生日、本来なら私が食事の担当だったのだが、ありがたいことに同じ居住区のメンバーがごはんを作ってくれた。

メニューは鶏のから揚げに麻婆丼、トマトと卵のスープ。しみじみおいしく、とっても嬉しかった上にサプライズケーキ。本来、ケーキは月に1度の誕生日会にしか出さないのだが、みんなの提案で相方さんが材料を用意してくれたらしい。それも私の大好きなチョコレートケーキ！　だったのだが、上にかかっているチョコレートの厚さが1センチもあるだろうかという代物。嬉しいと思いながら、心の中では「チョコレート何キロ使ったんだよ」と思っていたことをここで白状しよう。みんなでそのボリュームたっぷりのチョコレートケーキを食べた誕生日は、生涯忘れることはない。

いよいよ季節は白夜に近づき、作業量も増えてくるとごはんの消費量も増えてくる。唯一、日本に持ち帰ることのできる氷を採取しに氷山へ出かけるのだが、このタイミングで観測隊伝統（？）の氷山流しそうめんを行なう。あらかじめ建築隊員が氷山に溝を切りに行き、茹でたそうめん、天ぷらやつゆの準備をするのだが、肝心なのはお湯をポリタンクに詰めていくこと。氷山流しそうめんはお湯で流さないと途中でそうめんが流れなくなってしまうのだ。やれ寒いだの、やれつゆが薄くなったなどと言いながらも、そうめんをするこのイベントが越冬隊30人だけでのイベントとしては最後だったかもしれない。

冬

冬といっても南極では夏なのだが、次の隊を迎えるための準備で全員が作業に追われる。白夜で日が沈まないこともあってか、1日中交代で基地周辺の除雪を行ない、物資を運びやすい環境を作っていくのだが、働いている人がいる以上、食事も必要なわけで朝の3時くらいにカレーパンを揚げていた日もあった。

そしてとうとう第一便*が飛んできた。その荷物の中には待ち焦がれた生鮮野菜が入っていて、相方さんがお昼ごはんに間に合うようにキャベツの千切りを用意してくれた。みんながその様子をカメラで撮影するほど、待ち望んでいた出来事なのだ。私はというと、リクエストしていたスイカが届いたので、みんなが食べるようにカットしていたのだが、どうしても我慢ができない。誰も見ていないだろうとつまみ食いをしていたところを他の隊員に見られてしまい、その隊員を巻き込んでこっそりスイカを食べた。

クリスマスパーティーや、大みそかの年越しそば、おせちや餅つきなどの行事もきちんと行ない、次の隊の歓迎会、越冬隊最後の晩餐会もしたのだが、この季節の日記は非常に行数が少ない。なぜなら南極の夏はとてつもなく忙しく、仕事に追われ日記を書き留める余裕がなかったのだ。

＊第一便：次年度の南極地域観測隊である第58次隊の隊員を乗せて、最初に南極へ到着したヘリコプターのこと。

Column
3
料理のコツ、勘どころ

1 同じスーパーで買い物を続けていると、買うものも固定化してしまうので、時々スーパーを変える。

2 そっと他人の買い物かごをのぞき見する。自分が普段買わないような食材があったりするので、それで何を作るんだろうと想像する。

3 自分が使ったことのない食材でも、特売品ならチャレンジする。その食材を使うことによって料理の幅も広がる。

4 1袋を1回で使いきらない。例えばオクラが1ネットがあったらあえて1、2本残しておくと次の料理につながる。

5 日常的に使わない材料を使いきるために、献立を考える。

6 ストックはできるだけしない。災害時の保存食は長期保存などの特殊なものではなく、常温保存可能な普通のレトルト食品がよい。たとえ災害時であっても特殊な保存食は食べなれていないこともあって、食べ続けられるものではない。それならもっと身近なものを常備し、それを食べながら更新していくほうが期限切れで処分することも少ない。

7 残った料理は無理して食べずに冷蔵庫で保存してリメイクにつなげる。主婦はどうしても残った料理を食べてしまうが、ダイエットのためにも無理はしない。

8 冷凍庫にいろいろ保存していても、それを上手に使いきれる人は少数派。だから詰め込み過ぎない。食材の在庫を管理できないことがフードロスにつながるのだ。

9 シンクの中を汚さない。排水口ネットは目の細かいものを選ぶ。それで少しは排水の汚れが軽減する。蛇口から水が出れば出るほど、排水（下水）も増えることを意識する。

でも一番のポイントは無理をしないこと。無理は長続きしない。

Column

4
昭和基地の建物

メインの建物は管理棟と呼ばれ、3階建てで銀色、てっぺんにはシンボル的なドーム型の明かり取りがある。1階は倉庫、2階は病院とBar、3階に食堂、厨房、通信室などがある。居住エリアは2棟に分かれそれぞれ2階建て。4ブロックになっているので、イベント時などはそのブロックごとにチームを組んで対抗戦をしたりする。トイレやお風呂は発電機のある建物内にあり、 女性用・男性用で分かれている。野菜を育てるグリーンルームもこの建物の中にある。それぞれの建物は長い通路でつながっているが、観測をするための建物とはつながっていないので、ほとんどの隊員が自分の仕事場所まで通勤をする。外に面しているドアのほとんどが冷凍庫のドアと同じ。通路は黄色、発電棟などは赤、観測系の建物は青色に塗り分けられているため、外から見るとカラフルである。

3

南極で暮らして

南極の音

南極で聞く音の種類は非常に少ない。

日本で聞く日常の生活音はあまりに多すぎて、いちいち何の音なのかを考えることはないが、南極での生活はそうもいかない。もし普段聞こえていない音が聞こえてくると、何か異常事態が発生した可能性につながるため不安になる。

昭和基地で常に聞こえる音といえば、発電機の音。我々のライフラインの中枢となる発電機は、風向きなのか日によって音が増幅して聞こえるような時もあるが、だいたい一定のリズムを刻んでいる。他は南極大陸から吹き降ろすカタバ風*の音。その風が強くなり、ブリザードと言われる風速に達すると、厨房の中で特別な音が聞こえるようになる。

厨房の中にあるステンレスの食器棚。風速が上がるにつれて、その中に積んである陶器の皿がカタカタと鳴り始めるのだ。それはたとえるなら地震のようで、揺れが続く限り何時間でも鳴り止まないのだが、私は嫌いじゃなかった。

音の大きさで今日は震度がいくつくらい、風速は何メートルくらい、などと予測してみたりする。その後で気象チームが10分おきに出してくれる気象データを確認し、自分の予測が当たっていたか照らし合わせる。そんな小さなことを楽しんでいたが、時々、あまりにも食器の音が大きくなると建物が壊れたらどうなるんだと、それはそれで心配になるのだった。

沿岸部にある観測拠点の小屋で朝を迎えた日は、ペンギンの鳴き声で目を覚ます。見た目に反してあまりかわいくない声で、日本の鳥にたとえるならカラスやカモメのようだと私は思っていた。かれこれ1年以上南極で生活していると、ペンギンの鳴き声も当たり前にはなっているが、それでも心の中ではこの状況が非日常すぎて笑えてくる。ペンギンは特に警戒するわけでもないが、かといって近づいてくるわけでもなく、自分のペースで動き回っていたかと思うといつの間にかいなくなっている。

その小屋は入り江の奥にあり、アザラシにも出会える。同じ子かはわからないが、常駐しているのではないかと思うくらい同じ位置で見かけることが多かった。海面に頭だけを出したアザラシの姿は「モグラたたき」みたいだなと思っていた。そういえば単独で行動しているアザラシの声はどんなだっただろう。子育て中のアザラシは、人間の気配を感じると警戒して上半身を反らせながら大きな声を出すが、普段は声というより鼻息がすごいという印象。

昭和基地にラジオが流れているのも意外と知られていない。通称「オロラジ」と呼ばれる「オーロララジオ」は、歴代の隊員が各々持ち寄った音楽データを集め、基地周辺でしか聞こえない周波数で流している。ただ単に音楽が流れているだけで、もちろんラジオDJなどはいない。時々、同じアーティストの曲しか流れない日があったりすると、それはそれで揉め事になる。一日中同じというよりは変化があったほうがいい、というのが反対派の主張だった。

みんなで同じ音楽を聴くこともあったが、私は音楽でメンタルが左右される傾向があり、曲によってはテンションが下がることもあったので、主に無線を聞くことが多かった。

無線とは、越冬隊員同士が連絡を取り合う無線機のことである。越冬隊は全員、無線機を携帯して仕事をしている。無線から、ある隊員の明るいトーンの声が聞こえてくれば、今日は元気なんだなと思うこともあるし、ある隊員の声がいつもと違うと今日はどうしたんだろうと気になってみたり、声だけでいろんな状況を想像しながら、厨房で仕込みをするのが私の日常だった。

もちろん嫌われる音もある。特に機械を担当する隊員にとっては、警報が鳴るということは緊急に対応しなければならない案件が発生したということを示す。昭和基地の中にあって電気の通っている機器にはすべてと言っていいほど警報システムが組み込まれている。冷蔵庫の温度が基準値を外れて何分経過したとか、水を作る造水装置にエラーが出たとか状況はさまざまだが、とにかく彼らは警報が鳴ると同時に走り出し、警報盤で不具合の出た場所を特定、そこから原因を探る。しかも警報が鳴る時間はなぜか丑三《うしみ》つ時《どき》が多い。もっと酷なことに発電機を担当している隊員の部屋には直接、警報機がついていて、寝ている頭の上でけたたましい音が鳴り響く。結局、最後まで警報音に慣れることはなかったが、昼夜を問わず対応してくれる機械を担当する隊員、通称機械隊が通路を走る足音は安心感を与えてくれる音だった。

＊カタバ風：南極大陸から吹き降ろす、冷たく重い空気。

Column

5
昭和基地の交通事情

道路はあるが未舗装。信号機はない。唯一あるT字路には「極道13号」と「動物注意」の標識が。ちなみに描かれている動物はペンギン。夏は日本と同じタイヤを履いたトラックなどが走行。冬はキャタピラを履いた雪上車。他に物資を運ぶためのフォークリフトや建設現場で使用するクレーン車、ダンプカーやショベルカーもあり、夏は建設作業に、冬は除雪作業に使われる。

車両を動かす時には独特のルールあり。エンジン始動はクラクションを1回、前進はクラクションを2回、後退する時はクラクションを3回鳴らす。車両自体が大きく、運転席から死角が多いため、車両の周りにいる人に注意喚起して、クラクションで車両の動きを伝えることが目的。また運転席に声をかけても聞こえにくいため、手信号で誘導する方法も取られている。

Column
6
昭和基地周辺の迷所

＊誰もが必ず訪れて記念撮影をするのは19広場《いちきゅうひろば》。19次隊が整地した、昭和基地周辺では珍しく平らな場所。そこに単管パイプで作られた「昭和基地」の看板があり、象徴的な場所。看板の裏には昭和基地の座標が刻まれている。

＊夏の宿舎から基地の主要部との間に「峠」あり。夏の間は「峠の茶屋」が開店するが、店員は常駐してはおらず、暖簾《のれん》のかかった屋台に、あるものをかき集めた商品（？）が並んでいる。

＊ロードサイン。TOKYOまで14000kmのフォトスポット。

＊天測点は天文測量をするために設けられた基準点。基地全体が一望できる。標高29.18m。

無線でつながる

南極での生活で義務づけられていることの1つは無線機の携帯である。携帯電話は使えないので、無線が主な通信手段となる。携帯しろと言われてもポケットには入らず、重くないように見えて四六時中ぶらさげていると結構肩が凝る。それに無線での会話はみんなにダダ漏れ。でも無線はただの通信手段ではなく、救ったり救われたり、癒したり癒されたり、見えない電波でみんながつながっているような不思議な力を持っている。

昭和基地は隊長室や通信室、食堂や厨房の入っている管理棟と言われる建物を中心に、トイレやお風呂、発電機のある発電棟は廊下でつながっているものの、それぞれの研究や観測をするための棟に行くにはほとんどの場合はいったん外に出る。小さなものも含めると約70棟もの建物が広範囲にわたって点在しているため、南極といえども通勤する隊員が大多数。そのため、さまざまなシチュエーションで隊員同士が無線機で連絡を取らなければならない。ブリザードで外出注意令が発令された時は誰がどこにいるのか、所在確認を行なうのも無線だ。

それらすべての無線通信を監視し、コントロールするのは「昭和通信」と呼ばれる通信隊員。偶然にも私と同郷だったため、一緒に地元の新聞社の取材を受けたり、郷土料理のせんべい汁の広報活動に勤しんだりした。隊員はみんな、別々の仕事をしているので、お互いの仕事量を比較することはできないし、比較してはならないという暗黙のルールがあるが、傍から見ていても「昭和通信」の拘束時間は長く、しんどい部門だと思っていた。調理隊員は自分のペースで仕込みをし、自分のペースで休憩も取れるが、彼は朝の始業時間から、夜の就業時間まで、ずっと通信機器の前に座って無線をモニターしながら、応対をする。誰かが外で作業をしている限り、彼はお昼ごはんも夜ごはんも食堂ではなく通信室で摂っていたし、トイレに行く時もモニターをぶら下げたまま用を済ませるし、挙げ句の果てには自室に戻らず通信室で暮らし始めた。無人になることのない通信室には誰かしらが出入りしていた。愚痴を言いあったり、特に会話するわけでもないが同じ空間を共有したり、彼の仕事が終わった夜にはお酒を飲むこともあったり、また野外で作業をしている隊員を心配して無線交信を聞きに行ったりと事あるごとに人が立ち寄る場所でもあった。

日本国内で無線を使うことのなかった私は初めの頃は恥ずかしくて無線は聞くだけ。自分から発信することはなかったが、だんだんと無線の使い方を覚えるにつれてその面白さに興味を持つようになった。無線は連絡手段ではあるけれど何でもかんでも言えばいいというものでもない。みんなが聞いているものだからこそ、個人的なやり取りは必要最低限でなければならないし、適切な言葉で話さないと不快感を与えてしまう場合もある。

でも一方で、みんなに聞かれてはまずい内容を言葉を選んでみんなにばれないように無線で伝えるのも面白い。たとえば……本当は「これからおやつ（お菓子）を持っていくけどどこにいますか?」と言いたいのだが、そのために無線を使うのもいかがなものかと考え、「確認したいことがあるので現在地を教えてください」なんて言ってみたりする。

また自分の失敗がみんなに知れ渡ることもある。小型のフォークリフトで作業していた時のこと。気温が上がって雪が解け始め、思った以上に足元を取られながら運転していたのだが、方向転換しようとしてアクセルを緩めたら急に動かなくなった。いったん、フォークリフトから降りて確認すると、車体の足元に雪が噛んでしまいスタック*してしまったのだ。こうなると自力ではどうにもならない。それは越冬生活の経験上わかっていたので、すぐに無線で車両の責任者に「来てもらえますか」とお願いをした。車両の状況から別の車両とロープでつないで引っ張り出すしかないとの結論になり、別の車両を無線で呼び出したのだが、その時、彼は私に気を遣ってスタックしたからとは言わずに必要な車両と場所だけを伝えた。数分後に指示を受けた隊員が現場に駆けつけてくれたが、すぐに彼も状況を把握して自分の車両と私の車両とをロープでつないでくれた。と、そこまではよかった。それぞれが車両に乗り込み、いざエンジンをかけて引っ張り出そうとした時、救助に来た隊員が無線で「じゃあ渡貫さん、引っ張りますよ」と言ったのだ。無線に乗ったその声は瞬時に全員に伝わり、私がスタックしたことをみんなが知ることとなった。

命に関わるトラブルが起きた時の無線は、とても緊迫したものになる。雪を溶かして水にする造水装置にエラーが出たことがある。1日中太陽が昇らない「極夜」と言われる時期で、その日は特に風速が高く外出注意令が出ていた。凍《い》てついた機械が作動せず、警報が鳴ったのが23時くらい。私はまだ厨房で仕事、食堂にもパソコン仕事をしていた隊員が数名いたが、なぜか自然発生的に1つのテーブルに集まり、中央に無線機を置いてその状況に聞き耳を立てていた。みんな考えていることは同じ。こんな時、自分ができることは何もない。近くに行って見守ったとしても邪魔になってしまう。でも自室に戻ることはできないし、ましてや眠りにつくこともできない。ドライスーツ*を着た隊員が交代で水槽に入り、トラブルにあたっていることや明かりがないのでサポートする隊員がライトで水槽を照らしていることが無線から伝わってくる。とにかく事故のないようにと思いながら、無線機の向こうで同じ時間を共有することだけが自分たちにできることだった。やがて2時間が経過し、応急処置をしていったん作業を終えますという報告の無線を確認して、食堂にいた数名も解散となった。

　個人によって無線機の使い方はさまざまだ。職種にもよるが、その人の性格も影響してくる。ブリザードの日はあえて元気な声で話す隊員やその逆で感情が声に乗ってしまう隊員、本来あるべき無線らしく、用件だけを淡々と話す隊員。それぞれが異なった使命を持って、離れた場所で仕事をしてはいるけれど、無線を通じて情報を共有し、時には思いも共有できる。限られた人間だけが生活している極地では必要不可欠なツールなのである。

＊スタック：雪やぬかるみにタイヤを取られて動けなくなる状態。
＊ドライスーツ：内部に水が侵入しないタイプの保護スーツ。逆はウェットスーツ。

Column
7
南極にあるもの・できること

＊南極投票 国政選挙のみFAXでの投票が可能。出国前に居住地の選挙管理委員会に申請し、南極選挙人証が発行された場合に限る。南極滞在中に参議院選挙を経験。秘密選挙にのっとり、決められた部屋に1人ずつ入って投票用紙に候補者の名前を記入し、自分でFAXするのだが、なかなか送信がうまくいかずに、1人が投票するのに30分かかったケースも。

＊病院（温倶留《おんぐる》中央病院） レントゲンや手術台もある。3か月に1度、定期健診を実施。いつでもドクターに相談ができる。

＊床屋 洗髪台はないが床屋にあるよう椅子と大きな鏡あり。廊下に面した入り口には赤・青・白のサインポールまであるが、理容師はいない。有志が国内で簡単な研修を受けて仲間の髪を切るのだが、そのうちカリスマ理容師が出現し、予約が殺到することも。

＊郵便ポスト 昔ながらの丸い郵便ポストがあるが、郵便物が日本に届くのは年に1度。きちんと任命された郵便局員もいて電報業務や切手の販売を請け負う。昭和基地の消印は、マニアの方には有名で、非常にレアものなので、海外の収集家から消印欲しさに郵便物が届くことも。

＊Bar 隊が変わるごとに店の名前が変わり、開店日も変わるが、飲み代はあらかじめ食費として天引きされているので、現地では無料で飲み放題。有志が店員となり管理・運営。終電を気にすることのない、いい酒場。

＊お風呂 竹の湯（男湯）のお湯は発電機の排熱を利用して温められ循環システムでろ過されるのだが、お湯を取り換える頻度は非常に少ない。お湯を取り換える日は配管を外して高圧洗浄をするため、4名くらいで3～4時間を要する。その日だけは梅の湯（女湯）として女性隊員も広いお風呂に入浴することができた。女性隊員が普段使っているお風呂は小さなユニットバス。こちらも毎日お湯を換えるわけではなく、簡易式の循環ポンプをつけている。

＊トイレ 水洗トイレでウォシュレット付き。ウォシュレットが日本で出回り始めてすぐに導入されたようでかなり歴史は古い。居住エリアから距離があり、比較的近い私の部屋から徒歩150歩。たとえ眠くても目が覚める距離。

＊ネット環境 観測データを日本国内に送ることが優先されるため、動画視聴などに制限はあるが、家族との連絡には不自由しない。

＊電話 衛星回線で東京都立川市にある国立極地研究所までは内線通話。世界一長い内線電話と言われている。そこから先の通話は国内料金と同一だが、国際電話のカードは必要。

もっとも恐怖を感じた日

南極大陸は白かった。ただただ白かった。

調理隊員は基地の厨房で仕事をしているだけと思われがちだが、そうでもない。野外の観測拠点となる小屋で料理をすることもあれば、雪上車の車内で料理をすることもある。私には南極でどうしても行ってみたい場所があった。調理隊員なので、基地から出る機会は多くはない。せめてどこか１か所行かせてもらえるなら、ここという場所を心の中で決めていた。

そこは日本の南極観測の拠点の１つ「Ｓ16」と言われる場所である。そこは南極大陸上に位置し、何台もの雪上車や物資を積むための橇《そり》が置いてある。大陸上でのほとんどの野外観測がそのＳ16にいったん入ってから他の拠点に移動する。いわば旅のスタート地点のようなもの。写真でしか見たことのないその場所には、是が非でも行ってみたかったのだが、そのチャンスは突然にやってきた。

我々の隊では大陸上にある、みずほ基地に行くオペレーションが予定されていた。その下準備として1週間程度の期間、S16で雪上車や橇《そり》を掘り起こす作業があるのだが、既に8名がアサインされていた。今回は調理隊員は不要との判断でこちらの仕事は食糧の準備だけ。しかも私は経験がなかったため、相方さんが準備を整えていてくれた。

8名のメンバーは夜ごとミーティングを重ね、オペレーションが滞《とどこお》りなく遂行できるように準備を進めていたが、その出発の1週間前に急遽、1人の隊員が行けなくなるという事態になった。自身の担当業務で日本国内とのやり取りがあり、基地に残らなければならなくなったのだ。出発までの時間がないことに加え、約1週間基地を空けられる隊員となると選択肢はほとんどなく、調理隊員のどちらかの可能性が高くなった。日本出発前、相方さんは内陸へ行く3週間ほどの長期オペレーションはどうしても自分に行かせてほしい、その他の野外での仕事は優先的に行ってもらうのでと話していた。そんなこともあってか、私にお声がかかることになったのだった。

行きたい場所に行けるのだから嬉しいはずなのに、その時は不安要素が多く複雑な気持ちだった。他の人を差し置いて自分が行くこともそうだし、既に出来上がっているチームの中にポンと入るのも勇気がいったし、予定通りであれば生理の日とぶつかるし、南極の野外で料理をするのも初めてだった。ドクターに生理を遅らせる薬を処方してもらおうかとも考えたが、ただでさえ低気圧の環境でホルモンバランスが崩れ、逆に体調を崩す危険性も考えられる。そんな心の中の不安を悟られないように努めながら、そのオペレーションの計画書を読み込み、今さらとは思いながらありとあらゆるマニュアルを読み込み、出発まで気持ちと荷物の整理をしたのだった。

出発の朝、GPSのスイッチを入れ、先頭の雪上車に乗り込む。見送りに出てきてくれた隊員に手を振り、南極大陸に向かって雪上車のアクセルを踏んだ。昭和基地から4台の車列を組んで海氷上を進んでいくのだが、そのスピードは時速十数キロというゆっくりとしたスピード。ルート工作（詳細は141頁）で作り上げた道には一定の間隔で赤い旗を立ててあるので、その旗と旗、点と点を結んでいくような要領で進路を取っていく。

まず向かうは「とっつき岬」。ここは日本の南極観測において、南極大陸への上陸地点、いわば大陸の入り口と言っていいだろう。その地点までは1度行ったことがあったのだが、その時は連れて行ってもらったという感じでしかなく、自分が何をどうすればいいのか判断することもなく、ただただ言われるがままに行動しただけだった。それが今回はミッションの一員として、危険予知をしながら最善の策を考えての行動となる。今までとは全く違った感覚に戸惑いながら、ただ赤い旗を目指してアクセルを踏み続け、とっつき岬に到着した。ここで車両の入れ替えなど必要な作業をこなしていよいよ南進する。目の前には青氷《あおごおり》と呼ばれる濃い青い色に見える裸氷帯《らひょうたい》*が広がり、ここからは自分にとって未知のルート。どんな景色が待っているのか、S16ってどんなところなのだろう、なんてワクワクする余裕はなかった。

今まではただの赤い旗だったのが、今度は旗の竿部分にテープが巻いてあり、その色と本数でどの地点の何本目の旗かがわかるようになっている。先頭を走る自分はその本数を運転しながら確認し、無線で後続車へ伝えなければならない。それ以上に難しかったのが、次の旗を見つける作業だった。雪上車を走らせる時はほとんどが前の車両のキャタピラの跡（トレース）をたどっていけば、次の旗が見えてくる。もちろんGPSデータも併用して間違ったコースを進んでいないかも確認はするが、トレースは間違っていないよと教えてくれているようで、1つの安心要素ではあった。しかし今回が我々の隊で初めての南進となるため、そのトレースがない。同乗していた野外観測担当の隊員が前方と地図とGPSデータをにらめっこしながら私に進むべき方角と角度を伝えてくれる。トレースのない道ってこんなに大変なの⁉　と実感しながら、私も必死で行く先の旗を探しながら運転を続けた。

進んでも進んでも景色は白い。あとどれくらいかかるのだろうと思っていたら、ふっと異物が視界に入った。なんかオレンジ？　のものがあるかも？

誰に教えてもらわなくともそこが目的地だと直感した。どんどん進むにつれてそのオレンジが大きくなり、また数も増えていった。S16に来ることができた興奮を押し殺しながら進んだその先には、自分の想像をはるかに超える数の雪上車と橇《そり》が規則正しく並んでいた。

でもそこでゆっくりとはいかなかった。その1週間にわたるオペレーションの間は、隣にあるS17航空拠点と言われる小屋で寝泊まりをする計画だったため、とにかくそこまで行かなければならない。距離にして1〜2キロメートルくらいなのだが、南極でのこの距離は日本のそれとは違って遠いのだ。しかも行動予定より1時間半遅れてしまったため、日没との戦いでもあった。その小屋はもともと雪に埋もれないように高床式の構造で、さらに積雪に応じて支柱がジャッキアップできるように作られていたが、南極のブリザードはその機能を容易に奪い、数年をかけて雪が建物を飲み込み始めていた。

ただでさえ遅れを取っていたのに、入り口をスコップで掘り起こすことから始めなければならなかった。そんなことをしているうちに日没を迎え、ライトで照らしながら1時間半ほどかけて入り口を確保、1番に発電機を立ち上げて暖を取るためのボイラーも動き出した。それと並行して雪上車で運んできた食糧やその他の物資を小屋に運び込みながら、みんなが作業を終わったタイミングで食事が摂れるように夕食の準備も進めた。小屋には家庭用の冷蔵庫があるが、あくまで食材が凍らないようにする棚程度の役割しか果たさないし、以前にこの小屋に立ち寄った人が残していった調味料類はサラダ油から醤油まですべてが凍っている。電気器具のコード自体が凍っていて、無理に伸ばしたら間違いなく断線するであろう状況だった。電気コードを素手で温めながら少しずつ伸ばしドラム*につなぐ。ドラムのコードは昔のこたつのコードと同じような寒冷地仕様で、コード自体が布で巻かれている袋打ちコードと言われるものだったため、こちらは凍っておらずにするすると使える。ボイラーで徐々に部屋が温まってくると、いろいろなものが解凍され始め、その湯気で小屋全体が真っ白になった。さながら小屋が丸ごと解凍されていくような感じだった。ただ全体が温まるには時間が足りず、どんなに温かいごはんを作っても器に乗せたとたんに冷めてしまい、調理隊員としてはふがいない夕食だった。カレーライスにフランクフルトとオムレツを乗せたごはんだった。室温5℃、冷たいごはんを出さざるをえなかった気持ちとは裏腹にビールがうまかった。

その後、昭和基地との定時交信。安否確認を含む、こちらの状況報告や明日の天気の情報などを交換するための無線連絡で、本来の定時よりは遅れていたが、その日の行程を無事に終えたことを伝える。お決まりの交信を終えた後、無線からハッピーバースデイの歌が聞こえてくる。実はこの日に誕生日を迎えた隊員がこの小屋にいたのだ。私もこの日に備え、誕生日ケーキと彼の好きなジン、結婚披露宴に出てきそうな太いろうそく、基地にいる隊員からのメッセージはがきを持ち込んでいた。誕生日ケーキのプレートは相方さんがちゃんと用意してくれていて、割れないようにキッチンペーパーでぐるぐる巻きにして、タッパーに保管されていた。たとえここが南極大陸上の小さな小屋でも、できることをしてあげたい、それは隊員全員の思いだった。

雪上車で寝泊まりしながら仕事をしていたある日の夜、オーロラが空で揺らめき、風も穏やかだった。雪面の凹凸だけが浮かび上がる大陸を眺めながら初めての感覚に襲われた。まるで穏やかな海の上に立っているような感覚。このまま何も持たずにまっすぐ歩いていけば死ねるなって思った。目標物が何もない大陸。行動する時は自分たちでルート（道）を作る。海氷上を移動する時はワカサギ釣りのように氷に穴をあけて氷厚《ひょうあつ》を計り、雪上車の重量に耐えられるかを計算する。大陸上ではクレバス*がないかを確認しなければ動くことすら許されない。そんな環境でＧＰＳもコンパスも持たずにふらふらと歩きだしたらどうなるか。

南極に着いてから歩きたい衝動を我慢することが多かった。それは我が身を守るためでもあったし、仲間に迷惑をかけないためでもあった。そういえば、ヘリコプターで昭和基地入りする直前、隊長に「渡貫、ヘリから降りて嬉しいからって走るんじゃないぞ」と言われた。そう、私は制約がなければ自分の思うままに動いてしまう。2

度選考で落ちていたこともあって隊長とは付き合いが長かったので、きっと私の性格を知っての声かけだったのだろう。

本当は動いていないのに、打ち寄せる波のうねりのような雪面から目が離せなかった。でもそれとは反対に足は歩《ほ》を進めることもできず、ただ立ちつくすばかりだった。南極に来てもっとも恐怖を感じた日だった。

＊裸氷帯：むき出しになった氷の一帯。
＊ドラム：電工ドラムまたはコードリール。
＊クレバス：氷河や雪上に形成される深い割れ目、溝のこと。

Column
8
南極にないもの・できないこと

＊テレビのモニターはあるが、テレビは映らない

＊ガソリンスタンド
雪上車などの車両に給油する時は、ドラム缶に直接、ハイスピーダーというポンプをさして行なう。手動でハンドルを回すと1回転で1ℓ給油できる。大型の車両に給油する場合、100回以上ハンドルを回すこともある。

＊歯医者・看護師

＊コンビニ

＊新聞配達・新聞紙

隊員たちと

深夜2時。

火災警報が鳴る。時間的に深い眠りについていて、すぐには目が覚めなかった。無線が飛び交うのを聞きながら自室を飛び出す。夜勤で仕事をしていた気象隊員が人員確認を始め、みんながそれに呼応するようにそれぞれの所在、安否を伝える。消防服がかかっている長い通路に来た時に、パジャマの上に消防服を着ようとしている隊員が目に入った。そこでこれが訓練ではなく、リアルだと理解、心拍数が一気に上がる。

しかもその日は30人中8人が南極大陸に出かけていて人員不足。8人が不在にしている間の人員配置は決まっていたが、対応できるのか……私は医療班。毎月行なわれる訓練時は担架や医療セットを持って現場に急行するのだが、その時は無線の指示により消火器を運んだ。本当の火事だったらどうしよう、発生元とされる建屋は基地の主要部にも近く、万が一燃え移ったら……電気のケーブルも近い……心の中で誤報であることを祈りながら、何本もの消火器を運んだ。暗い上に、外出注意令下（詳細は147頁）。視界も充分ではない中、最前線にいる隊員が無線で状況を伝えてくれる。うずたかい雪の山を這いつくばって登り、現場に向かう人々、無線から聞こえてくる緊迫した会話のやり取り。最終的にはブリザードで建屋の排気口が雪で詰まり、温度が上昇したことによってセンサーが感知したようだと判断された。この人たちすごいなって思う。そして日ごろの訓練が生かされたことを身をもって感じた出来事だった。

もう1つの事件。

じきに新しい物資と交代要員を乗せたお迎えの船が来るよってタイミング。その日、私は天測点と言われる付近で車両を使って除雪をしていた。夕食は相方さんが当番。夕食の時間に間に合うように作業を終え、車両の片付けをして基地に入ろうとしていた矢先、無線での一報が入る。内容を聞いただけで尋常ではない、大変なことが起こったと直感した。

別の場所で重機を使って除雪をしていた隊員が、ある建物を壊したのだ。ライフラインに直結する建物ではなかったが応急処置が必要。ここからが見事だった。無線を聞いていたみんなが一斉に現場に集結。状況を見た上で必要な物資をそれぞれに持ち寄った。必要であろうと思われる機械や車両を準備し、いつでも使えるように待機。誰かの指示を待つことなく、粛々と自分がすべきこと、必要な用意を整えた。事故を引き起こした隊員を責めるものは誰1人としていなかった。夕食の時間はとっくに過ぎている。それでも誰も手を止めようとはせず、黙々と応急処置をした。日処がついた時点でその日の作業は終了とし、基地に引き上げる。当事者の隊員の精神的ダメージは誰もが想像できる。自分がその立場だったら耐えられるだろうか。その後は手空き総員、要するに全員体制で処理に2日を要したが、海外の基地で発生したもっと重篤な事件の記事を見つけてくる人、マンガを手渡す人、声はかけず、でもずっと傍らで作業を共にする人、それぞれがそれぞれの方法で寄り添う姿が見られた。

経験していないこと、訓練していないことが急にできるわけがない。日々訓練をし、日々危険予知をしてきた我々にとって、自分たちが積み重ねてきた日常が無駄ではなかったと証明された場面でもあった。

Column 9
外出注意令・外出禁止令

＊ **外出注意令**……風速15m/s 以上かつ視程1000m未満。
発令時には直ちに無線で自分の所在地を通信室に連絡する。2名以上で建物間に張ったライフロープを使用して行動し、移動の際は通信室へ連絡する。

＊ **外出禁止令**……風速30m/s 以上かつ視程100m未満。
発令時には直ちに無線で自分の所在地を通信室に連絡する。屋外にいる場合は直ちに基地の主要部もしくは非常食のある建物に避難する。解除されるまでは現在いる建物から移動できない。

注意令の時は自分の観測の小屋に行くにも1人では行動できないため、他の隊員に付き添ってもらう必要がある。禁止令の時は観測の小屋にすら行けず、仕事ができなくなってしまうため、長時間続くとモチベーションに関わってくる。

喧嘩

仕事を終えて厨房から自室に向かう。越冬隊員には約4畳ほどの個室が与えられ、それが唯一のプライベート空間である。

個室が並ぶ居住棟と言われるエリアは、ウッディーな感じでほんのり木の香りがする。床暖房完備と謳ってはいるが、床の一部分しか暖かくなかったり、部屋によっては暖房があること自体を疑うくらい寒かったり、壁は昭和のアパートかと思うレベルで隣人の生活音を拾ってしまい、爪を切る音もベルトを外す音も聞こえてしまう。深夜、ご近所さんの怪しげな笑い声が聞こえてきて驚いたこともあった。それでも日本で自分の部屋がない主婦としては、久しぶりの自分の部屋ということもあり、充分すぎるくらいでとても嬉しかった。ところがほとんどの時間を厨房か食堂で過ごしてしまい、結局は洗濯物を干すためと寝るためだけの部屋だった。

そんな私の部屋の隣人は、みんなに「おじいちゃん」と呼ばれる技術屋さん。実際に孫がいるわけではないのだが、白髪が目立つゆえか、自然とそんなあだ名がついていた。越冬生活が始まって1か月過ぎたある日、そのおじいちゃんと私は喧嘩をすることになる。

厨房から自室に戻るには必ずBarを通らなければならない。Barの真ん中を通り過ぎようとした時、若い隊員に声をかけられた。「渡貫さん、なんかいいアイディアないっすか？」。傍らにはおじいちゃんもいた。普段、おじいちゃんはあまりお酒を飲まない。夜間も仕事、というか常に24時間体制で観測機器の監視をしているから、あえて控えているのだろう。今日は珍しいなと思いながら、若い隊員の話を聞きに足を向けた。話を聞くと、おじいちゃんと若い隊員には共通の知人がいて、その知人の結婚式に南極からメッセージビデオを送りたい、というもの。

私は自分が思いつくままにアイディアを話したのだが、そこでおじいちゃんから先制パンチ。「越冬隊に調理隊員はいらない」と言い始めるではないか。はあ？？？結婚式のメッセージビデオの話からなぜそんな話になる？？？　おじいちゃんは矢継ぎ早に持論を展開するが、私の頭は予期せぬ事態に対応しきれなかった。基地での生活は、朝食は時間が決まっているものの、摂るか摂らないかは個人の自由。昼食と夕食は定時に全員集合と決まっている。人員確認の意味合いもあるし、夕食後にはミーティングがあるので、みんなが集まることは当然としか考えていなかった。おじいちゃんをはじめ観測を担当している隊員は、天気や機器の状況に応じて仕事をしているので、自分の思い通りにいかないことが多い。場合によっては食事よりも観測を優先したい。でも昼食や夕食の時間に戻らないと調理隊員に迷惑をかけてしまう。おじいちゃんはそのジレンマと戦っていたのだ。その言い分をもっともな意見と思う一方、引き下がることもできなかった。そんなこんなで40代のおばちゃん（私）と50代のおじいちゃんは延々2時間に及ぶ、激論を交わすこととなった。気が付けば最初に相談を持ちかけた若い隊員は傍らにおらず、Ｂａｒに居合わせた他の隊員も面倒なことには干渉しないスタンスで傍観していた。

誰かが仲裁に入ったところで、おじいちゃんのジレンマが消えることはないだろうし、私もみんなの食事を作るために南極に来ている。その仕事を否定されては私の存在意義がなくなる。「越冬生活が始まったばかりなのになんで……。この人と長い越冬生活を乗りきれるのか?」と考え始めたら涙が出てきた。悔し涙だったが、おじいちゃんはそこで我に返り、焦ったようにBarから退散していった。

結論が出ていないのだから、私の気持ちが落ち着くわけもない。しかも討論しているうちに入浴時間を過ぎてしまい、お風呂にも入れずじまい。せめてお風呂に入ってすっきり気持ちを切り替えられたらよかったのに、それもできなかったことが余計に腹立たしかった。でも翌日の朝食の準備のためにも寝なくては、と思って自室に戻ると、例の薄い壁の向こうから、敵のいびきが聞こえてくるではないか。いっそのこと壁をどんどん叩いて安眠を妨害してやろうかとも考えたが、何とか思いとどまった。気持ちが高ぶって寝られないかとも思ったが、1日の疲れと、泣いて余計にエネルギーを消耗したからか、すぐに眠りにつくことができた。ひそかに「明日のお昼ごはんは作ってあげない！」とも思っていたが、そんな思いは数時間後に解消することとなった。

夜勤者は別として、調理担当は朝食準備のため、隊の中でも起床が早い。いつも通りのルーティーンでトイレを済ませてから厨房に入るのだが、トイレまでがとにかく遠い。私の部屋から150歩、それでも近いほうなのだが、トイレまでの通路を歩いているだけではっきりと目は覚めてくる。長くて薄暗い下り坂の廊下をおりきって男子トイレの前を通過しようとしたところで、人に出くわした。それは普段もよくあることでなんら驚くことではないのだが、その日は少々ぎくりとした。なぜならそこにいたのは数時間前に激論を交わしたおじいちゃんだったのだから。私の思考が回転する前におじいちゃんが「ごめんなさいっ」と頭を下げてくれた。それに対して自分が何と答えたのか思い出せないのだが、それで隣人トラブルは解決に至った。

のちに男性隊員から聞いた話では、Barを立ち去った後、おじいちゃんはたばこ部屋（喫煙室）に逃げ込んだ。そして、そこに居合わせた隊員にどうすべきかを相談した結果、「とにかく謝れ！」ということになったらしい。

この一件で、私は隊員とどのように接するのがより良いのかを身をもって経験した。激論を交わしておじいちゃんの価値観を知ることができたことは無駄ではなかったし、きっとおじいちゃんと同じような考えの隊員が他にいてもおかしくない。

この時、私は隊員試験の2度目の選考時の面接官を思い出した。1度目の選考では書類で落選してしまい、面接まで進めなかった。2度目は書類選考を通過し、面接まで進むことができたのだが、そこである面接官から言われた言葉に私は答えられなかったのだ。それまでの私は面接まで進んで、直接、自分の言葉で熱意を伝えられたら選考に通るのではないか？　と青二才な考えを持っていたのだが、世の中そんなに甘くない。観測隊ＯＢであろう年配の面接官の男性は「人間関係でもめたらどうしますか？」と質問してきた。私は答えに窮してしまって即答できずにいたのだが、何とか思考を巡らせて「越冬を成功させようという同じ目標さえあれば大丈夫なのではないでしょうか」と答えた。想定外の質問で、我ながら満足のいく答えではなかったのだが、その後の面接官の仕草と言葉が印象的だった。「そうでもないんだよ」と言って鼻でふっと笑ったのだ。それから１年、３度目の選考までの間、その面接官の質問への答えを模索し続けた。何が正解なのだろう、あの面接官が求めていた答えは何だったのだろう。答えに詰まった後悔でグズグズしながら考えてはみたものの、結局答えらしい答えも見つけられず、３度目の選考の冬が来た。無事、１次の書類選考を通り、２次選考の面接の連絡を受ける。さあどうしたものか、でもどうにもならない。

面接へ行くと、昨年は１対８だった面接が、今年は１対10と面接官が増えていた。加えて部屋が異常に寒いのも気になったが、誘導されるがままに席につく。いくつか想定内の質問に答えながら、昨年の面接官の姿を確認しようとしたが、記憶が曖昧でどの人か確信が持てなかった。なんて余計なことに考えを巡らせていたら、とうとうその時がやってきた。

「南極で人間関係のトラブルが起きたらどうしますか？」

私は自信たっぷりに「その時に考えます。実際、どのメンバーで越冬するかは現時点ではわかりません。もちろんどんなトラブルが起きるかもわかりません。今、策を考えたところできっとその通りには事は運ばないでしょう。であるならば、私はトラブルが起きた時に何がベストなのか、その隊員と模索したいと思います」。我ながらよくいけしゃあしゃあと言えたものだと思ったが、嘘はついていない。

結果、私の「壁にぶち当たってから考える作戦」は成功し、念願の南極地域観測隊（候補）になったのだが、思えば本当にあの面接官の言った通りになったもんだ。

30人いれば価値観も30通りなわけで、しかも平均年齢が40歳超となるとなかなか素直にはなれない。あの時、おじいちゃんが謝ってくれなかったら、きっとおじいちゃんとのわだかまりを解消できないまま越冬生活を終えただろう。もしかしたらおじいちゃんは私のプライドを傷つけないよう、自分から謝ってくれたのかもしれない。その後、何度かおじいちゃんと意見の相違を感じたことはあったものの、それ以上に相手を知ったことで許せる範囲が広がったとでもいうのだろうか。家族のように、それを受け入れられる度量が少しは備わったように思う。それからは薄い壁の向こうから聞こえてくるおじいちゃんのいびきが、安否確認の役割を果たすようになったのだった。

おじいちゃんとのその後だが、帰国後はお互いに機会があれば会うし、そしてこりもせず同じ内容で、相変わらずの持論を展開してくれるがそれもまた懐かしい。きっと一生こんな感じで付き合っていける仲間であることは間違いないだろう。

越冬隊長と私

隊長室にあるＢＯＸティッシュを一番使ったのは私らしい。私が隊長室へ行くと越冬隊長はテーブルの上にティッシュの箱を置く。それは遅かれ早かれ私が泣くのをわかっているからだ。

越冬隊長と出会ったのは観測隊に応募してからではなく、応募したいと思って観測隊ＯＢの集まりに参加した時だった。あまり感情の起伏を表に出さず、正直、真意のわかりにくい人という印象だったが、それは彼の職業的なものなのかもしれない。山での仕事を生業とし、常に危険を予知し、それが実際に起きないように、また起きてしまった時は最善の策を講じるのが彼の専門である。

観測隊に上下関係はない。分野によって主任がいたり、指示系統としての序列はあるが、意見は対等に言える関係である。越冬隊長といえども、１人の判断を正解とするのは極地では危険なことで、みんながそれぞれにKYし（「危険予知」のこと。建設などの現場で使われる言葉だ）、意見を交わす。

我々は事故は起こしてはならない。怪我もまた然り。30人が揃って無事に日本に帰国すること、それが最大のミッションなのだ。基地は30人で維持するには広く、誰が欠けても日常生活に支障をきたしてしまう。調理と医療以外は実質、1人。全員、その道のスペシャリストではあるが、それだけに交代がいないという精神的重圧は計り知れない。越冬隊長の精神的重圧も想像に容易いが、責任を越冬隊長1人に負わせない意味でもそれぞれの責任意識は高い。

だからこそ越冬隊長にも物申す。隊全体に関わる何かしらの問題で納得いかないことがあった時、私は隊長室のドアを叩き、「今、お時間いいですか?」と切り出す。ドアといってもいつも開きっぱなしなのだが、一応礼儀的にお断りを入れてからあーでもないこーでもないと陳情を始める。私は感情が高ぶると泣くことが多い。それでBOXティッシュが活躍するというわけだ。越冬隊長が許可したことで隊の中に亀裂が入った時は激しく抗議し、また何とか解決したい事案があった時は、越冬隊長に骨折りを懇願するといった具合だった。越冬隊長も偉ぶることなく、いち隊員の言うことに耳を傾けてくれたし、話し合う時間を惜しむこともしなかった。

そんな越冬隊長を私が失望させてしまう事件があった。私自身、越冬中最大の判断ミスだったと思う。あるチームが2泊3日で作業に出かけることになった。前日にパッキングした食糧と献立について、担当になった隊員と確認し、準備完了。出発当日の天候も問題なく、予定時刻通りに出発していった。なかなか基地を離れにくい隊員もいて基地以外での作業に心躍らせている様子だった。そんな彼らが出発して2時間くらい経っただろうか。私はお昼の準備で冷凍庫に入ったのだが、入った瞬間に違和感を覚えた。冷凍庫の入り口にあってはならない段ボールが積まれていたからだ。

南極で基地から離れて作業する時は、万が一の天候悪化で帰還できなかった場合などに備えて停滞食《ていたいしょく》を携帯することが決められている。今回も停滞食を準備して、担当者と確認していたし、出発日のおやつとして冷凍の大判焼きの袋を停滞食の入った段ボールの上にちょこんと乗せていた。ちょこんの大判焼きはなくなっていたが、停滞食の段ボールは一式、冷凍庫に取り残されたままだった。私はすぐさま冷凍庫を飛び出し、隣にある事務所に駆け込んだ。たまたま居合わせた隊員に、私はまくしたてるように停滞食が残置されていることを話した。

さてどうする？　そもそも「さてどうする」ということを隊員が判断する域ではない状況だった。一番に越冬隊長に報告して判断を仰ぐべきだったのに、それすら考えられなかった。短時間にさまざまなことを考えた。時間からするとそろそろ「とっつき岬」と言われる、南極大陸への上陸地点に着く頃であろうことや、停滞食のことを伝えてそこから基地に戻るとなると、オペレーション自体が中止になるだろうこと。S16でのオペレーションは予定より遅れており時間的に余裕がないこと。何より、やる気満々で出かけた隊員に食糧の担当者になっていた隊員が責められると思うと、基地に戻らず何とかする方法はないのかという考えに陥ってしまったのだ。

もともと食糧は多めに持たせているし、短期間で帰る計画でもある。S16の隣のS17の小屋にはレトルト食品やカップラーメンがあることは、実際に自分が行った時に確認している。万が一の時は、その食糧を頼れるかもしれない。本当に甘すぎる判断だった。そもそもS16までたどり着けるかも確実ではないし、ブリザードが来ればS16からS17へのたった数キロすらも視界不良で移動できなくなる。それを身をもって経験していたのに、その教訓を生かせなかった。南極で「絶対」はないのに、行けるであろうとの浅はかな考えだった。

この件は越冬隊長の耳にも入ることとなったが、報告義務を怠った私の責任は重大だった。そして翌日には、その判断ミスを思い知らされる。帰還するはずのパーティーが天候悪化で基地に戻れなくなったのだ。一番恐れていたことが最悪の形で現実となり、そこから私は針の上のむしろだった。自分にはどうすることもできない。とにかく無事に帰還することを願う数日を過ごし、天候回復を待って帰還したメンバーを一番に迎えに行った。帰ってきたメンバーも誰も何も言わない。それぞれにこの件を重く受け止め、黙々と片付け作業をしていたが、隊員の１人が私の立場を理解してくれ、２人で泣きながら作業を続けた。

越冬隊長はこの事件が発生した直後に私を隊長室に呼び出したかったらしいが、私を責めるであろうことを予測し、そうしなかったんだと後々に教えてもらった。喜怒哀楽を表に出さない人という印象が間違っていたことを知り、隊長の信頼を裏切ってしまったこと、隊員を危険にさらしてしまったことを後悔する出来事だった。

Column
10
ルート工作・南極での道の作り方

南極にルート（道）はない。ただひたすらに真っ白な大地や海氷上に自分たちでルートを作っていく。野外観測支援と言われる専門の隊員が中心となってルートは作られる。スノーモービルや小型の雪上車で移動しながら海氷上ではドリルで穴をあけ、氷の厚さを測って雪上車が通過できる厚さかを確認し、大陸上ではクレバスと言われる氷の割れ目を確認しながら進んでいく。場合によってはゾンデ棒と言われる金属の棒で雪面を刺し、状況を確認しなければならない危険な箇所もある。危険か否かを判断し、隊員の先頭を進んでいく野外観測支援の隊員はいわば、みんなの命を守ることが仕事。安全を確認したルートには決められた間隔で赤い旗を立て、次からはその赤い旗と赤い旗を結ぶように進んでいく。1年間に作られるルートの総距離は約200㎞。例年、その時の海氷の状況を見ながらルートは作られる。

女性であること

南極地域観測隊において、女性であることのメリットとデメリットは何だろう。

昭和基地の中での生活は女性専用のトイレもお風呂もあるし、不便と感じることはあまりない。まったく隠れる場所のない野外で用を足す時は、「大地と交信してきます」と宣言すると男性は察してくれて、私の進む方を見ないようにしてくれる。

私は日本でならオブラートに包んで察してもらうようなことも、南極ではきちんと言葉にして伝えるように心がけた。たとえ結婚されている男性でも、女性特有の生理的なことを充分に把握できているかというとそうではない。男性が思いもよらないことで女性が思い悩んでいることをわかってもらわないといけない。

その逆で女性が男性の生理に配慮しなければならない点もある。

私が結婚していて子どもがいたこと、女性の中で最年長だったこともあってか、男性から「下着が透けないように注意してもらえないかな?」とか、女性のどういった行動が男性に刺激を与えてしまうのかを言ってもらえることが多かった。胸元が開いた服を着ないとか、ボディタッチをしないとか女性も気をつけるのがマナーであって、お互いに思いを伝えあうことでトラブルが防げるのだと、この年齢になって気が付いた。

南極で生活をしていて一番に感じたのは力の差だった。食糧や生活物資など何十トンにも及ぶ段ボールを基地に運び入れたり、固く締まった雪を手作業で除雪する時などはどうしてもその差が出てしまう。きっと女性が作業することで男性の負担が増えた時もあっただろうが、それでも同じ仕事をさせてくれたし、女性だからといって過剰に手を差し伸べることもなかったが、どうしても引け目を感じてしまった。

南極観測に女性の存在価値はあるのかと思い悩んだこともあったが、そんな時「無線から女性の声が聞こえてくるだけで空気が和む。男性だけの生活より衝突も起こりにくい」と言われ、救われた気がした。

男性も女性もいて社会。だからお互いの存在価値を認めて、自分ができることを尽くそう。女性であることはメリットでもデメリットでもないんだ。

困ったこと・意外だったこと

制約がある生活だということは、はなからわかりきったことだったので、さほど不便を感じることはなかった。逆にその不便さを楽しもうという空気感がみんなの中にあったような気がする。

それでも自分の予想と違っていたことや意外だったこともある。まず、生理用ナプキン。環境のためにと布ナプキンを持っていったのだが、何度か使用するうちに大きな問題に気が付いた。確かにごみは出ない。でも洗うためにとてつもない量の水を要する。水の原料となる雪や氷は際限なくあるけれど、それを機械で溶かして水にすることは燃料を消費することでもある。南極での生活において水はとても貴重なもの。ごみを減らすことに重きを置くか、節水することに重きを置くかという悩みを抱えてしまった。結局、結論を出せず、紙ナプキンと布ナプキンを状況に応じて併用していた。

人によってはホルモンバランスが崩れ、生理が止まることもあるとは聞いていたが、日本にいる時以上に規則正しく、その日はやってきた。

予想すらしていなかったこともある。基地ではなく、南極大陸上の小屋で寝泊まりしながら1週間ほど作業をしていた時のこと。基地以外で水を作る時は造水バケツと言われるものにスコップで雪を入れ、雪上車の中に置いておく。車内の暖かさで溶けだして水になるのでそれを使うのだが、使える量は1人1日2リットル程度。鍋に水を入れ、お湯を沸かす。基地であらかじめ作って真空パックしてきた食べ物をその中に入れて温める。さらにそのお湯でコーヒーやスープを作るといった具合だ。もちろんお風呂には入らない。私は1週間くらいだったが、人によっては1か月、さらに基地から遠く離れたエリアに行くチームは3か月以上、お風呂に入らないケースもある。

困ったのはお風呂に入れないことではない。手が洗えないことだった。野外で作業をする時は何枚も手袋を重ねている。素手で金属などを触ってしまうと危険なのでどんなに細かい作業でも手袋を外すことは許されない。そしていざ、食事の準備をしようと雪上車の中で手袋を外すと、爪の間が真っ黒なのだ。もちろん土を触ったわけではない。

当たり前のことだが、ごはんを作るのも、用を足すのも自分の手。日本ではその都度、手を洗うので気にも留めていなかったが、汚れた手で料理を作るのは料理人として気持ちが悪かった。幸い荷物の中に使い捨てのビニール手袋があり、それに救われた。決して潔癖症ではない。でも野外での生活を終えて基地に戻った時、1番最初にしたのは手を洗うことだった。手を洗えること、水を流せるありがたさを感じながらひんやりとした水の感触を楽しんだのだった。

昭和基地では当たり前なのだが、日本では気になってしまうこともある。国内で準備をしている時に引継ぎ事項として「靴下に穴が開くから多めに持ってくるように」と言われた。腐るものでもないし、余裕があったほうがいいだろうと考え、20足を荷物に入れていったのだが、結果は20足全滅。極度の乾燥で足の裏がゴワゴワになってしまい、擦れて靴下に穴が開くといった具合だ。毎日のようにクリームを塗っていたが追いつかない。人によっては切れてしまって、歩く時に痛みを感じる場合もあったようだ。穴が開いたからといって買いに行けるわけでもなく、あるものでしのぐしかない。繕って履き続けるという方法もあったのだろうが、そのうちに誰も靴下の穴なんて気にもしなくなる。時には自分の穴の方が大きいとかそんな自慢も出たりするが、次の隊がやってくると急にその穴が恥ずかしくなったりする。越冬隊だけで生活をしていると身なりに気を遣うことは少ない。おしゃれしても出かけるところがあるわけもなく、きちんとした格好をしたのはミッドウィンターフェスティバルの時だけ。化粧は2回しかしなかった。そんな生活を続けていたら帰国してからが大変だった。自分が日本でどんな洋服を着ていたかが思い出せず、しばらくは観測隊のような格好を続けたし、化粧をするもの嫌だった。

娯楽

「くだらないことを全力で」

これはある隊員が言った言葉だが、南極で暮らしていく上でこの精神は必要不可欠。南極にあるのは壮大な自然のみ。昭和基地を中心に半径1キロ程度は自由に行動できるが、そこから出る場合は許可を取らなければならない。建物はたくさんあるのに娯楽施設はないし、運動するためのスペースも廊下の一部と限られている。

いくら覚悟の上で極地勤務となったとはいえ、仕事、食事だけでは満たされるわけもなく、それぞれが気分転換できるような工夫が必要なのだ。

週に1度はプロジェクターで映画の上映会、月に1度はお誕生日会や季節にちなんだイベント、観測隊名物のソフトクリームなど、あらかじめ段取りを組んで準備するものもあるが、それよりもっと生活レベルで楽しむことも忘れない。

男性のお風呂場に掃除用のデッキブラシがかかっているのだが、そのブラシの頭には「カーリング」とマジックで書いてある。これがあることで風呂掃除をしながら気分はカーリングなのだろう。お菓子のある倉庫には体重増加を警告する標語が貼ってあったり、いつから存在するのか、しかも何の動物かもわからない茶色いぬいぐるみに名前を付けてみんなでかわいがったり。

係活動もその1つ。活動内容は本来の業務とは違い、有志で野菜を育てる「農協」、魚を釣る「漁協」、お菓子やパンを作ったりといったもので、もちろん強制ではない。複数を掛け持ちする人もいるし、ほとんど活動に参加しない人もいるが、それもあり。自分が興味のあることや得意なことをする人が多かった。

ちなみに私はシアター係と漁協係。よく釣れるのは「ショウワギス」という15センチ前後の魚で、ワカサギ釣りの要領で氷に穴をあけ、釣り糸を垂らせば比較的簡単に釣れる。それともう1つ、南極域に生息する「ライギョダマシ」という深海魚。これを釣ってさばいてみたいとひそかに思っていたのだが、その夢が叶うことはなかった。

本来、釣った魚を国内の生物の専門家に生体サンプルとして持ち帰るために行なっているのだが、たくさん釣れた時は食べることができる。そのチャンスを待っていたのだが、なかなか朗報は入ってこず、餌として漁協係に渡すスルメイカが減るばかりだった。もう時期的に最後と臨んだ仕掛けに待ち望んだライギョダマシがかかったのはよかったのだが、思いもよらない誤算が。観測隊史上最大の全長157センチの大物を釣り上げてしまったのだ。国内の研究者からの指示で包丁を入れることも食べることも許されず、現在その子は葛西臨海水族園に展示されている。

娯楽とは違うかもしれないが、空を見る機会も多かった。気象の担当から教えてもらった意外なことは、南極は雲の種類が少ないということ。でも、遮るもののない白と青のコントラストは見ていて飽きることはなく、日本ではなかなか見られない現象が起こると、無線でその情報を共有する。ダイヤモンドダストだよとか、幻日《げんじつ》*だよと情報が入ると、それぞれが作業の手を止めて空を見上げる。気温がマイナス30℃を下回った日は、なぜか外に出る人が多く、お湯花火*をしたり、シャボン玉をしたりと実験に勤しんでいた。

私に至っては青空の下、南極でのライフワーク「どこでもヨガ」を実践。そもそもこんなに寒くて体がこわばっている時にヨガなんてするものではないけれど、真っ白く凍った雪面で南極大陸を見ながらのヨガは至福のひとときだった。でもヨガマットを敷いてはみたものの数分で凍り付き、上に乗ることすらできなかった。

＊幻日：大気光学現象の1つ。太陽と同じ高さの左右に見える明るい光。
＊お湯花火：気温がマイナス30℃くらいになると空中にまいたお湯が一瞬で凍りつく。その様子が花火のようで、こう呼ばれている。

Column
11
物々交換

昭和基地ではお金を使うことはない。買い物ができない、宅配便も届かない南極で欲しいもの、必要なものができてしまった場合、物々交換専用のホワイトボードに欲しいもの、あげたいものを自由に書き込める。こんなもの誰も持っていないかもと思っても、書いておくと意外と見つかるもので、あとは個人でやり取りをするが、もちろんお金の授受は発生しない。越冬生活も終盤になって自分が持ち込んだものでもう使わないけれど他の人には必要かもしれないというものがあると、○○商店が開店し、そこにさまざまな商品が陳列される。歯磨き粉から私物で持ち込んだインスタントラーメン、保湿クリームなど。到着した次の隊の隊員や海上自衛隊の人たちにも開放される。ちなみに、ネットショッピングでぽちっと注文はできるのだが、昭和基地には配達してもらえない。

4

南極から日本へ

お迎えの船

南極・昭和基地での1年の任務を終える頃、交代する次の隊員を乗せたお迎えの船が近づいてくると、通信室で船からの無線が傍受できるようになってくる。その情報は逐一入ってきてはいたが、基地内はお迎えの準備に追われ、バタバタしたまま感慨にふける間もなかった。

天気の安定している日には、次の隊が夏の間に使用する布団干しをする。その光景は何ともシュール。Aヘリと呼ばれるヘリポート一面にブルーシートを敷き、その上に布団や枕を広げていくのだが、布団の向こうに広がる景色は真っ白な海氷。南極でも布団干しをするなんて、いかにも日本人的だと思いながら、次の隊が少しでも快適に過ごせるようにとの思いで作業にあたった。

できることならこの布団の上でお昼寝したいと誰もが思っていただろうが、それを許してくれないのが南極の夏。約10か月無人だった夏の宿舎に息を吹き込み、人が生活するための準備が着々と進むが、その仕事は多岐にわたり、とにかくやることが多かった。トイレの配管の準備から、歓迎の横断幕の作成まで。実際それを体験してみて初めて、1年前に前の隊の隊員たちが自分たちの受け入れに奔走してくれていたことを思い知る。通常の自分の業務に加え、新たな仕事をこなすことの大変さ。その立場に置かれて初めて気が付いたことも多かったが、タイムリミットに間に合わせるべく、1つずつやるべきことをこなしていった。

そして、とうとうその日を迎えた。無線で船の位置が知らされ、昭和基地からも肉眼で見える距離に入った。船は女性にたとえられ、名前も女性の名前が付けられる。新しい物資を積んで、我々を迎えに来た「しらせ」は「White Queen」と呼ばれているが、船体は白色ではなくオレンジ色だ。真っ白い凍った海原にオレンジ色の船体が映える。ぽつんと小さくはあるが、その存在は大きいものだった。日の沈まない白夜期。22時を過ぎても日の沈まない明るさの中、私も1日の仕事を終えて基地から20分ほど歩いた小高い丘に登って、弁天島と呼ばれる島の方角にオレンジ色をはっきりと捉えた。その時の正直な気持ちは「もう来ちゃった……」だった。

越冬交代式

2月1日の越冬交代式の日はさながら夜逃げのような1日となる。朝食は我々の隊が作って食べ、片付けが終わると待ち構えていた次隊の調理隊員が厨房になだれ込んでくる。数時間後には荷物をまとめて基地を引き揚げなければならない我々と、全く仕込みをしていない状況から数時間後の昼食を用意しなければならない次隊、お互い必死である。自分の部屋もまた、次の住人に明け渡さなくてはならないので、せめてもの気持ちで床の水拭きをした。手元に余っていたBOXティッシュとこれまた残っていた1年物の栄養ドリンクにメッセージを添えて、1度は部屋を後にしたが、思い立って部屋に戻り、自分の痕跡のなくなった室内の写真を撮ってみたりした。小さい窓、疲れた時は登るのも億劫なベッドの梯子《はしご》、あまり座ることのなかったデスクらが愛おしく感じられた。

そこからは昭和基地の看板の前で「越冬交代式」という厳かな式典をし、我々が帰国のために乗り込む船の昼食時間に間に合うようにそのままヘリコプターで船に飛ばされるのが例年だったが、今回はそうはいかなかった。風速が高かったので、屋外を諦め、食堂に80人くらいがひしめき合う式典となったのである。

一通りの挨拶を終え、鏡開きをしてお酒が振る舞われたが、私はヘリコプターへの搭乗を考え、口にしなかった。でも私はハイテンションだった。明らかに自分の中に張り詰めていた糸がプツンと切れた音を感じ取っていた。越冬中の1年間、常に緊張していたつもりはなかったが、それは自覚していなかっただけだったのかもしれない。共に月日を重ねた男性隊員と肩を組んで写真に収まったりしたが、それは越冬中、絶対にしなかった行為だった。男性隊員には触れない、肩をポンと叩くことすらしないと決めていた。閉鎖空間で男女が暮らす昭和基地はそういう場所であるべきという自分なりのポリシーだった。でも、この時の私はそのルールを自分の中で終わりにし、越冬が終わった喜びを共有した。相方さんと肩を組んで写真を撮ってもらったが、相方さんは遠慮して、私の肩を触らないようにしていた。それも相方さんらしくて笑えたし、私がいつも物申していた越冬隊長が「一緒に写真を撮るか」と言ってくれたのも嬉しかった。

だがこれで無事、船に帰還！　とはいかなかった。ブリザード襲来でヘリコプターは飛ばず、今まで暮らしていた居住エリアとは違う、夏の宿舎「いちなつ」へと移動することとなったのだが、ここからが長かった。風は収まらず、いつになってもヘリコプターは飛ばない。そんな時に1次隊のタロとジロを思い出した。あの時もこんな状況、いや今よりもヘリコプターは小さかったし、もっと過酷な状況だったのだろう。現在、建物や機械は日本の高度な先端技術が使われているが、外に出てしまえば南極の自然はあの当時と何ら変わっていない。人命を優先せざるを得なかった状況を身をもって体感した。2月3日、とうとう船に戻れないまま節分を迎えてしまい、この仮《かり》宿《やど》生活のごはんを担当してくれる自衛隊のみんなと80本近くの太巻きを巻くこととなった。どんな環境でも行事ごとは欠かさない。季節感を大切にし、妥協しないのは観測隊の調理隊員と同じ。彼らは観測隊を無事に送り届け、迎えに来ることを最大の任務と考えてくれて、会うごとに「迎えに来ました！　越冬お疲れさまでした！」と言ってくれた。「しらせ」が昭和基地に接岸する時にだけ掲げる国際信号旗がある。国際信号旗とは、海上において船舶間での通信に利用される世界共通の旗で、通常は旗の組み合わせで船の動きや状況を伝えるものだ。1枚ごとにアルファベットや数字にも対応しているのだが、それを利用して越冬隊へのメッセージを掲げてくれる。

「MUKAENIKITAYO」

知っている人が迎えに来てくれるって、こんなに嬉しいことだったんだ。越冬隊のことを思い、日本から差し入れを持参してくれたり、1年の労をねぎらってくれる温かい人たち。そんな自衛官とワイワイ太巻きを巻いていたら、食事の時間が差し迫っていることに気づき、慌てて太巻きを半分にカットする。時間に間に合わせるために凄い勢いで包丁を使っていたら、鬼のようだと笑われた。仕事というよりはお手伝いといった感覚で、3日間の停滞はプレッシャーのない穏やかな時間でありがたかった。

そして交代から4日後、やっと風が収まりヘリコプターが飛び始めた。ヘリコプターに乗り込み、小さな窓の近くに陣取る。見納めかもしれない景色を目に焼き付けたかったが、いろんな思いと共に涙が溢れてしまう。隣に報道の人間がいて私を撮っていることはわかっていた。泣いている隊員の映像を押さえたかったのだろう。撮られるのは嫌だなと冷静に思う自分と、溢れる感情を抑えきれない自分がいた。少しずつ機体が上昇して基地を俯瞰《ふかん》できたかと思うと、すぐにスピードが上がった。地上では移動に20分以上かかる岬をほんの数秒で通過してしまう。あっという間に基地は見えなくなり、今度は眼下に海が広がってくる。本来なら氷で覆われている海が、真っ黒く開いていた。そこでまた涙が溢れた。天候と戦いながら野外観測支援の隊員の指示のもと、1本ずつ旗を立てていったルートがすべて流されていたことに愕然とした。自分たちの足跡が消し去られた喪失感でいっぱいだった。

4
南極から日本へ

Column 12 好きな言葉

＊**「ご安全に」**

作業現場などで日常的に「おはようございます」や「お疲れさま」の代わりに使われることが多い。安全に対する意識を高めるとともに、相手の無事を祈る気持ちも伝わってくる言葉。

＊**「昭和で会いましょう」**

観測隊関係者は昭和基地のことを「昭和」と言うことが多い。私が観測隊の選考にチャレンジし始めた頃、その冬に南極へ出発する人が私の合格を祈ってかけてくれた言葉。それ以降、南極に行きたいという人に会った時は同じ言葉をかけるようにしている。

＊**「MUKAENIKITAYO」**

海上の通信に利用される国際信号旗。南極観測船「しらせ」が昭和基地に接岸する際に掲げる。

Column 13 船上生活

海上自衛隊の船なので、船内での生活・行動は自衛隊のルールを遵守する。

お風呂は基本、海水。トイレのお水を流す時は直径10cmくらいのバルブを回して水を流し、止める時もバルブを回す。船の揺れに備えて椅子やテーブルは固定されている。船内に運動のできる設備もあるが、許可が出た時は甲板などで運動することもできる。ランニングをする人や剣道をする人も。私は船酔いしない日はヨガをしていた。ドリンクの自動販売機が設置されていて、越冬中にお金を使うことのなかった越冬隊員はこぞって小銭を持ち、自販機での買い物を楽しむ。船内での食事は給養員と言われる専門の自衛官が作ってくれる。海の上ではあるけれど、ネットサーフィンはできない。観測隊の部屋は2人部屋で2段ベッドにデスク、ソファ、ロッカーに洗面台と充実した設備で充分すぎるくらいだった。

南極廃人

我々の中に「南極廃人」という言葉が存在する。帰国してから起こる症状なのだが、私はスポーツ選手が引退した時のロス感というか、やりきった感みたいなものかなと軽く考えていた。自分は大丈夫だろうという根拠のない自信を持って帰国したのだが、それは帰国後、少し時間を空けて体調不良として現れた。

思い返せば廃人になる要素は徐々に形成されていた。昭和基地を離れてから、約50日間にもわたる船上生活。観測隊の報告書をまとめあげれば、調理隊員の任務はほぼ完遂。船酔いを恐れた私は、とにかく船が揺れる海域に入る前に書きあげねばという思いから最優先で報告書を作成。それが終わってしまうと、あとは食べて寝て、飲んで寝て、「しらせ」での生活は怠惰としか言いようがなかった。

自衛隊の給養員が仕込みをする朝に調理場に手伝いに行くことは行くが、それも皮むきやパン粉付けなどのお手伝い程度。しかも船の揺れの中で、下を向いて仕込みをする能力は私には全くなく、人参5本の皮をむいただけで気持ちが悪くなって離脱した日もあった。船酔いで食事が摂れない日もあり、そんな日は自室でひたすら横になる。日中、横になっているものだから夜には目が冴えてしまうし、背中も痛くなってくる。仕方がないので他の隊員の部屋に行ってくだらない会話を楽しみながらなんとか夜をやり過ごす、そんな悪循環の中でぐるぐるしていた。

この生活を続けた結果、やっと文明圏のシドニーに着いた時には既に廃人。みんなが観光地や繁華街に出かけていく中、私は行きたいところがあるわけでもなく、気の合う隊員とシーフードマーケットに出かけてはみたものの、なぜかフルーツの盛り合わせを食べたり、日がな1日シドニーのオフィス街の公園で名前も知らない大きな鳥を眺めていたりした。

そんな精神状態のまま帰国してみたものの、テンションが上がるわけもなく、どんどん下がっていく一方。どこかに行こうにもパスモの存在を忘れて切符を買ってしまったり、電車の上りと下りを間違えてしまったりと、思うように行動できない。南極で観られなかったテレビは画面の動きが速すぎて観ること自体に疲労を感じ、自宅のキッチンのどこに何が入っているかがわからずに、食事の支度をするにも戸惑った。

あんなに制約のある生活からなんでも自由な生活に戻れたのに、それ自体を苦痛と感じるとは思いもしていなかった。段ボール6個で1年4か月を過ごしたら物欲自体も薄れてしまったのか、自宅の物の多さに辟易《へきえき》し、勢いで断捨利《だんしゃり》を始めた。ありとあらゆる食べ物に囲まれ、その中から選ぶこともなかなかできなかったし、何よりスーパーの惣菜コーナーに並べられている食品を見た時、時間が経ったらこれらはみんな廃棄されるんだろうなと思っただけで涙が出てきた。そして最後には「昭和基地に帰りたいな」と思ってしまうのだった。

身体はというと、南極ではきちんとした周期で来ていた生理周期が崩れ始めた。生理が来たと思ったらずっと長期間続く。そうかと思えば全く来ない時もある。常に下腹部が腫《は》れているような感覚があり、ひどい時には歩行する振動だけでも痛みを感じた。南極でも腰痛には悩まされてきたのだが、帰国して、さらに悪化しているような気すらした。婦人科や整体に通い、せめて日常生活に差し障りのない程度になればと願うものの、検査結果に異常は出ない。何をどうしていいのかわからない日が続いたが、いつまでもこんなんじゃいけないとの焦りもあった。かといって気持ちを切り替えるだけのモチベーションも戻ってはいなかった。

帰還後の仕事

南極廃人として先の見えないもどかしい日々を送っていたが、昔からの知人が帰国後の仕事は決まったのかと連絡をくれた。廃人になって、もがいていることは誰にも話していなかったし、身体はきつかったが気にかけてもらえたことがありがたく、とにかく動いてみようと思った。

南極料理人なんて使いにくいだろうと心苦しくもあったが、南極にポールⓇウインナー*を持っていったご縁もあって、伊藤ハムで働かせていただくことになった。いや、ポールⓇウインナーは後付けの話で、一番の理由は南極観測に興味を持ってくださったことだったと思う。和食の料理人にはなじみの薄い食肉メーカーでの「商品開発の仕事」ということで、私の経験と直結するとは思えなかった。しかし、ここは観測隊スピリッツ、第1次南極地域観測隊・越冬隊長、西堀栄三郎《にしぼりえいざぶろう》が言うところの「やってみなはれ」で踏み込んでみることにした。

片道約2時間の通勤はなかなかの負荷で、長靴生活をしていた足はパンプスの窮屈さに耐えられず、最寄り駅から自宅までタクシーに乗ってしまい自己嫌悪に陥る日もあった。だが、東京の多くのサラリーマンが耐えている通勤ラッシュに揉まれているうちに、社会に少しずつ戻れていったのも事実だった。

そこで自分なりの結論を出した。今40代、これから体調がすこぶる良くなることはないだろうし、じきに更年期障害との戦いも始まるだろう。治るものではないのなら、これはこれで受け入れて生活していこう。そう思えるようになったら、背中に冷や汗をかきながら吊革につかまり、会社の更衣室で靴下が履けないくらいの腰痛にうずくまる日はだんだん減っていった。要は気持ちの問題だったのだろうか。次にやりたいことはまだ明確にはなっていない。というより、やりたいこと、やってみたいことがありすぎて頭の整理がつかないくらいだ。そこで自分の思考をまとめるために1冊の分厚いノートを用意した。そのノートに自分がしたいことを可視化する意味で文字として書き残している。どれが実現するかは自分でもわからないけれど、いろいろな人との関わりの中で、新しい経験をしながら自分が一番やりたいこと、これから時間を費やすべきことの輪郭くらいは見えてきたように感じている。

南極での滞在中、自分が一番長い時間を過ごした場所はどこだったろうと考えてみると、それはきっと昭和基地の食堂だったに違いない。食堂の窓から見える真っ白い南極大陸を見るのが好きだった。

心のどこかで、できることならもう1度、あの景色を見に行きたいとも思っている。

*ポール®ウインナー：1934（昭和9）年に伊藤ハムが食肉メーカーとして日本で初めて販売したセロファンウインナー。

4

南極から
日本へ

おわりに

「本を出しませんか？」

このお話をいただいた時、私は南極で生活している最中でした。全く想定外のお話で、自分の人生で本を出すことがあるなんて思いもしませんでした。まず考えたのは、相方さんのこと。調理担当は自分だけではないため、自分だけが取り上げられるのには抵抗があり、編集者さんにそのことを正直にお伝えしました。自分のことは自分で決められるタイプだと思っていましたが、この時はどうしたらいいのか判断ができず、隊長と相方さん、越冬経験４回の大先輩に相談をしました。結局、結論を出さないいま帰国したのですが、帰国したら南極廃人になってしまい物を書く気力があるわけもなく、ずっと棚に上げたままに。

帰国して今までの生活に戻ろうとしても、南極での生活との乖離《かいり》を埋められずもどかしい日々を送っている中、いっそのこと一生南極を想いながら生活しようと決めたら、自分への内省も含め、自分が経験したこと、感じたことをお伝えするのも意味があるように思えてきたのです。

南極に行くまで、私には日記を書くという習慣がなかったのですが、その間だけでもいいから日記を書くようにと助言してくださった方がいました。私より50年も前に南極に行かれた固体地球物理学者の神沼克伊《かみぬまかつただ》先生です。おかげで帰国した今も日記を読み返すことで、南極での日々を鮮明に思い出すことができます。その日記には出来事だけでなく、嫉妬や嫌悪といった自分のマイナスな感情もすべて書き込んであります。

最初はやりたいことをやっただけと思っていましたが、それを実現するために自分に近しい人たちにご心配、ご迷惑をおかけしたのも事実です。家庭を優先すべき主婦がやりたいことを優先させたことは、非難されても仕方のないことでしたが、それを実現させてくれた家族には感謝しかありません。そう思う一方で、主婦であるからとやりたいことを我慢するのも違うなと思うようになったのは、南極に行ったことで自分が変わったところです。やりたいことを実現するのはなかなか難しいこと。そのほとんどはできない理由のほうが多くて、日常にかき消されてしまうことばかりですが、その中でできることを模索したい。たとえ実現できなかったとしても、夢に向かった努力は自分のスキルとして残ります。

そして夢は見つけるものではなくて、出会うもののような気がします。だから無理に見つけなくても、出会えた時に全力でチャレンジできるスキルを少しずつ身につけておきたい。

ごはんを作ったり、洗濯ものをたたんだり、子どもにお小言を言ったりといった日常は、平凡でなんてことのない毎日かもしれません。そもそも子育ては自分の思うようにいくことなんてないわけで、でも子どもに期待をしてしまうからこそ、いろいろ口を出してしまったり、やりたいことが見つからない子どもに親のほうが焦ってしまったり。でも、そのなんてことのない日常こそが自分のスキルになっていたと気が付いたのも南極でした。

きれいごとと言われるかもしれませんが、南極での生活は思いやりで成り立っていました。30人いれば、気の合う人、そうでない人がいて当然です。私のような調理師や有名大学所属の研究者といった年齢も立場も違う、そんな人間たちが寝食を共にして仕事をする現場なんて日本にはないでしょう。既にその分野で経験を積み、責任を背負っている人たちの価値観が一致するわけもなく、共有している思いがあるとすれば、それは「南極観測を遂行し、無事に家族のもとに帰ること」。

そんな生活の中で仲間の負担を減らすにはどうしたらいいか、自分に何ができるのか、自省も含め、人との関わりを考えることの多い生活でした。

南極地域観測隊の仲間は家族とも違う、でも単なる仕事仲間とも違う不思議な関係ですが、南極での日々を共有しながら一生付き合っていくであろう仲間たちです。

仲間は出会うものではなく、作り上げていくもの。

人と違うことをするのは勇気がいりました。でも誰もができないだろうと思っていたことをやり遂げたら、そこにはゆるぎない自信が生まれました。

南極での時間を共有してくれた第57次南極地域観測隊の仲間、南極まで送り届け、また迎えに来てくださった海上自衛隊のみなさん、そして私のチャレンジに付き合い、寄り添ってくださった方々にこの場を借りて厚く御礼申し上げます。

渡貫淳子

わたぬき・じゅんこ◆1973年青森県八戸市生まれ。調理師。伊藤ハム株式会社商品開発部所属。「エコール辻 東京」卒業後、同校の日本料理技術職員に。出産後、いったん職場を離れ、一児の母として家事・育児に奮闘する日々を送ってきたが、一念発起して南極観測隊の調理隊員にチャレンジ。3度目の挑戦で見事合格を果たし、母親としては初の調理隊員として第57次南極地域観測隊に参加。帰還後は、各誌でのレシピ紹介や講演会など活動の場を広げる。2018年6月放映の「世界一受けたい授業」(日本テレビ)で紹介された「悪魔のおにぎり」が大反響を呼び、南極での料理が話題となった。本書が初めての著書となる。2019年2月、マガジンハウスよりレシピ集を刊行予定。

南極ではたらく

かあちゃん、調理隊員になる

2019年1月23日　初版第1刷発行

著　者　渡貫淳子

発行者　下中美都

発行所　株式会社 平凡社

〒101-0051 東京都千代田区神田神保町3-29
電話 03-3230-6584(編集)　03-3230-6573(営業)
振替 00180-0-29639
平凡社ホームページ http://www.heibonsha.co.jp/

Special Thanks　海上自衛隊「しらせ」
国立極地研究所
第57次南極地域観測隊(JARE57)

イラストレーション　イオクサツキ
著者プロフィール写真　対馬綾乃
ブックデザイン　アルビレオ
印刷・製本　図書印刷株式会社
編　集　小出真由子(平凡社)

ISBN 978-4-582-83795-7　NDC分類番号914.6
四六判(18.8cm)　総ページ176
落丁・乱丁本のお取り替えは小社読者サービス係までお送りください(送料は小社で負担します)。